読めば100倍歴史が面白くなる

名将言行録

板野博行

角川文庫
23579

はじめに

『名将言行録』は、幕末の館林《たてばやし》藩士岡谷繁実《おかのやしげざね》が足掛け十六年の歳月をかけて執念で完成させたものです。明治二年に刊行されるや、**伊藤博文《いとうひろぶみ》を感動させ、大隈重信《おおくましげのぶ》をして「不朽の真理を含蓄した書」と言わしめて**版を重ねました。

ただ、残念ながら客観的な検証に欠けたり、史実に反する箇所も多かったりしたため、歴史学界では「俗書」とみなされ、また、全七十巻もの大部の書ゆえ、すべてを現代語訳した本は存在しません。

しかし、戦国時代に命を賭《と》して戦った名将の珠玉の言行は、その「人となり」を伝えるものであるとともに、今を生きる現代人のさまざまな悩みや欲求に応《こた》えるものがあります。

戦国の「三英傑」である「信長《のぶなが》・秀吉《ひでよし》・家康《いえやす》」はもちろんのこと、戦国大名の嚆《こう》矢《し》ともいえる北条早雲《ほうじょうそううん》、史上最大の謀反人明智光秀《あけちみつひで》、「日本一の勇士」と称《たた》えられた真田《さなだ》幸村《ゆきむら》などの言行を読むにつけ、今から数百年も前の武将たちなのに、彼らの思いや生き方、そして死生観に共感したり反発したり、また自分ならどうしただろうかと様々な思いを馳《は》せる自分がいることに気が付きます。

武将たちの「士魂」は今も生きているのです。

この本は、『名将言行録』に再び光を当てたいという思いで書きましたが、たった二十五人ほどしか収録できなかったことが残念でなりません。

岡谷繁実が『名将言行録』に収録した綺羅星《きらぼし》のごとき百九十二人全員とは言わないまでも、もっと多くの名将の言行の数々を紹介したかった……著者としてはそれが本音のところです。

お読みいただいてなにかしら得るところがあれば、著者として最高の幸せです。

ぜひ、感想などがあればお寄せください。

板野　博行

『名将言行録』と編纂者「岡谷繁実」について

岡谷繁実は一八三五（天保《てんぽう》六）年、上野国《こうずけのくに》（現・群馬県）館林《たてばやし》藩士の子として生まれた。繁実は幕末・維新の動乱に巻き込まれて苦難の人生を送ったが、弱冠二十歳の時から『名将言行録』を書き始め、「どんなに苦しく危険な時でも筆を執らないことはなかった」と序文に書き記しているように、十六年の歳月をかけて全七十巻の大部の書を執念で完成させ、それは一八六九（明治二）年に刊行された。

この本は、戦国時代から江戸時代中期までの武士百九十二人の言行（逸話）の数々を漢文調の仮名まじり文で書き記したもので、繁実が千二百以上の資料を渉猟して集めた武将たちのエピソードが載せられている。

今回は、その中から二十五人（＋α）を選《え》りすぐってお届けするが、**ナビは編纂《へんさん》者「岡谷繁実」がみずから行**うので、よろしくお願い申し上げる!!

目次

第四章 戦国時代を生き抜いて何を想う!?

本文デザイン・原田郁麻
本文イラスト・漫画　相曽晴香

第一章

戦国時代スタート!!

～下剋上《げこくじょう》の世をどう生きる!?～

北《ほう》条《じょう》早《そう》雲《うん》（1432?～1519）

「梟雄《きょうゆう》」にして戦国大名の先駆け!!

戦国の梟雄
北条早雲
みんなワシの悪口を言うなぁ
城下町は繁盛してるし
フフン!
減税とか福祉政策とかやってるよ
スパイ
戦い方はちょっとだけ卑怯かな
小田原城奇襲!!
ともかくボクが初代の北条氏は
エッヘン
約百年続いたのだー

「功名を成し遂げ、富貴を得るには今がもっともよい機会だ」

時は「応仁《おうにん》の乱（※）」真っただ中、室町《むろまち》幕府八代目将軍足利義政《あしかがよしまさ》はこの乱を押さえることができず、幕府は無力化した。

早雲は、今がチャンスと見て所領を売り払い、豪傑六人を雇って言った。

「天下を見るに、功名を成し遂げ、富貴を得るには今がもっともよい機会だ。関東八州は昔から武士の地とされていたが、今は定まった主がいない。諸君と共に東国に下って功名を立てたいと思う。どうだ!?」。

これを聞いた一同は奮い立った。早雲は彼らを引き連れて東国に向かった。

早雲の姉が駿河《するが》（現・静岡県中部）の守護今川義忠《いまがわよしただ》に嫁いでいたので、それを頼って駿河に落ち着いた。やがてその義忠が領内の一揆《いっき》で戦死し、お家騒動が起きると、早雲は姉の子（早雲の甥《おい》）を立てて騒動を収め、今川家の有力者となった。

※「応仁の乱」……足利義政の後継者争いとして、義政の弟義視《よしみ》と、義政の息子義尚《よしひさ》が対立したことが発端。そこに幕府の実権を握ろうと、細川勝元《ほそかわかつもと》（東軍・義視側／二十四か国／十六万人）と山名宗全《やまなそうぜん》（西軍・義尚側／二十か国／十一万人）が加勢して争いが激化し、十一年（一四六七～一四七七）も戦が続き、京の町は荒廃した。

元祖「下剋上《げこくじょう》」の成功者、北条早雲の本名は!?

早雲は駿河国で善政（減税と福祉政策）を行ったので城下には人が集まり、栄えてきた。力を蓄えた早雲は伊豆《いず》を奪い取ろうと画策する。伊豆は足利政知《まさとも》の領地だったが、政知が亡くなるとお家騒動が起きていた。

そこで早雲は、「自分は齢もすでに五十歳を越えた。弓矢を捨てて安楽に過ごしたいと思う」と言って髪を剃《そ》って出家し、「療治のため弘法《こうぼう》大師の霊跡を巡礼する」というふれ込みで、伊豆の修禅寺《しゅぜんじ》温泉に逗留《とうりゅう》した。

その間、早雲はその辺にいそうなフツーの老人のふりをして、土地の者たちから様々な情報を仕入れて伊豆攻略を練った。また、伊豆国領内に「味方に参じれば本領を安堵《あんど》する。参じなければ作物を荒らして住居を破壊する」と高札を立てた（すごい脅し方だ）。これで準備万端。駿河に帰った早雲はさっそく兵を率いて伊豆に向かい、あっという間に伊豆を平定してしまった。

大名ではなく一介の家臣に過ぎない早雲が国を盗ったこの事件によって、早雲は元祖「下剋上《げこくじょう》」の成功者となり、ここから戦国時代が始まったと言われている。

実は**「北条早雲」という名は死後の名**で、当時は「伊勢《いせ》」を名乗り、諱《いみな》も「新九郎《しんくろう》」「長氏《ながうじ》」などいくつかが伝わっている。室町幕府の政所《まんどころ》執事を務めた伊勢氏を出自としているという説が有力だ。生まれ年にはいくつかの説があり、早いもので一四三二年、遅くとも一四五六年には生まれていたようだ。

早雲の死後、氏綱《うじつな》の代になって「北条」と名乗るようになったが、これは**早雲が、「わしは鎌倉《かまくら》の執権だった北条氏の末裔《まつえい》だ」とうそぶいた（！）**のが発端だ。もちろん北条氏とは何のつながりもないので、鎌倉幕府の執権を務めた北条氏と区別するため「後《ご》北条」ないしは「小田原《おだわら》北条氏」とも呼ばれる。

驚きの奇襲戦法で小田原城の奪取に成功!!

早雲の次なるターゲットは「小田原城」だった。三島《みしま》神社に参って大願成就を祈ると、ある日早雲は夢を見た。

「広い野原があり、そこに大杉が二株あった。一匹のねずみが根から噛《か》んでいってこの大杉を齧《かじ》り倒した。その後、このねずみは虎に変身した」

早雲はみずから夢を占って、この「二本の杉」は関東管領《かんれい》の山内上杉家《やまのうちうえすぎけ》と扇谷《おうぎがやつ》上杉家《うえすぎけ》で、自分は子《ね》の年の生まれだから「ねずみ」である。自分が両上杉に勝つ吉兆の夢であると思い、二つの上杉家退治の謀《はかりごと》をめぐらし始めた。

当時、小田原では山内上杉家と扇谷上杉家が激しく抗争していた。

「チャ〜ンス!!」早雲はこの混乱をうまく利用しようと考え、小田原城の城主大森《おおもり》藤頼《ふじより》に使者を出して、「当国の山で鹿狩りをしたので、山の鹿どもは箱根に集まっています。こちらの勢子《せこ》（狩り子）を貴国の方に入れて、鹿をこちらに追い返したいのです。お許し頂ければ幸甚です」と言いやった。

早雲は日ごろから**藤頼に進物を贈り、親しくしていた**ので藤頼は謀《はかりごと》とはまったく気づかず、「どうぞどうぞ」と承諾した（しめしめ……）。早雲は、屈強の者数百人を勢子の姿に扮《ふん》させ、また別の数百人を犬引（猟犬を飼《か》い馴《な》らす者）に仕立て、竹槍《たけやり》をもたせて夜討ちの用意をさせた。

早雲は、さらに驚きの演出を行った。

千頭の牛の角に松明《たいまつ》を結びつけて灯《とも》し、それを先頭にした早雲率いる兵が小田原城に迫ると、勢子や犬引に扮していた者たちが鬨《とき》の声を張りあげて城下の家々を焼き払ったのだ。一方の小田原勢は、おびただしい数の松明を見て「敵はいったい何万騎いるのだろうか」とおびえて狼狽《ろうばい》した。

早雲が小田原城に攻め入ってみると、藤頼も城兵もわれ先にと逃げていたので、やすやすと小田原城を乗っ取ることができた。奇襲作戦、大成功！

早雲は「戦国の梟雄《きょうゆう》」か、それとも……!?

その後、相模国《さがみのくに》（現・神奈川県）も平定した早雲は、一五一八年に家督を嫡男の氏綱に譲り、翌年に亡くなった。享年八十八（六十四とも）。戦国大名として初めての「指出検地《さしだしけんち》（自己申告に基づく検地）」を行ったり、虎の「印判状」を用いて年貢取り立ての際の不正を防いだり、と先進的な政治を行い、それはその後の戦国大名たちに受け継がれていった。

また**早雲の定めた『早雲寺殿廿一箇条《そううんじどのにじゅういっかじょう》』という家法**は分国法の基となった。その内容は、早寝早起きの奨励（夜八時に寝て朝四時に起きる!!）や火の用心などの日常生活の心得から、文武の鍛錬法や主君への奉公の仕方など武士のたしなみまでを明瞭《めいりょう》簡潔に示したものだ。

後北条氏は早雲を祖として約百年続いたが、五代氏直《うじなお》の代で滅びた。

後世における早雲の評価は厳しく、**「戦国の梟雄《きょうゆう》」**と呼ばれることがある。「梟雄」というのは「残忍で勇猛な人物」のことで、極悪人に対して使われるが、豊臣秀吉が「小田原征伐」で後北条氏を滅ぼしたあと、**徳川家康は早雲を高く評価している。**

「武田《たけだ》信玄《しんげん》は良将であったが、自分の父信虎《のぶとら》を追放した悪事の報いが子の勝頼《かつより》に巡ってきてはかなくも滅びてしまった。これに対して小田原北条は、長い包囲戦の際に離反した者はほとんどいない。これは早雲以来、代々受け継がれてきた方針が正しく行われ、諸士もみな節義を守ったためである」と。

家康も早雲も「大器晩成」。相通じるものを感じたのかもしれない。

武《たけ》田《だ》信《しん》玄《げん》（1521～1573）

「風林火山」は伊達じゃない!!
戦国武将最強と謳《うた》われた男

風林火山
風林火山
アイアム
No.1!
ユーアー
No.1!
つつっ
浮気したでしょ!!
プイッ
三方ケ原の戦いで家康に快勝!!
やっぱアイアム
No.1!
影武者三人でも死んだのはすぐバレた
ナムナム……
天下取れなかった～

「戦に勝つということは、五分を上とし、七分を中とし、十分を下とする」

戦国武将の中でも**「甲斐《かい》の虎」**と呼ばれ、**「最強」**と謳《うた》われた**武田信玄**は、いつもこう言っていた。その理由を尋ねられると、「五分の勝ちは次への励みが生じるが、七分だと怠り心が生じ、十分勝ってしまうと驕《おご》りが生ずるからだ」と答えている。

だから信玄は、**「六分七分の勝《かち》は十分の勝なり」**を信条として、勝ちすぎず、ほどほどに勝つように心がけた。

信玄は「百戦百勝」を目指すのではなく、戦わずして相手を屈させることこそ最上の策だという『孫子』の兵法を戦法としていた。ライバル上杉謙信《うえすぎけんしん》は、「信玄に及ばぬところは、実にここよ」と言って褒めたという。

また信玄は、大敵に対しての戦い方として「十分に工夫をこらし、敵に対して優位な態勢を整えてから詰め寄るようにし、先の先まで十分に心を配ってのちのちの勝ちを大事にするように。**何事も遠くのこと（将来）を慮《おもんぱか》ること、『遠慮』の二字が大切なのだ**」と諭している。

三方《みかた》ヶ原《はら》の戦いで信玄にこてんぱんに敗れた徳川家康は、こうした信玄の考え方を学んで取り入れ、「負けないための準備」をしてから戦いに臨むべしという大切な教訓を得た。

足掛け十二年の戦いの決着は「取っ組み合い」で決めた⁉

武田晴信《はるのぶ》（信玄）は、甲斐の守護を務めた武田家第十八代武田信虎《のぶとら》の次男として生まれた。晴信は生まれつき賢く、一を学んで十を知るほどだった。兄が夭折《ようせつ》したので嫡男となったが、弟が生まれると父の寵愛《ちょうあい》がその弟に移っていき、晴信を廃嫡しようとした。そこで**晴信は家臣たちを味方に引き入れ、結託して無血クーデターを起こし、父信虎を追放してしまった。**

信玄の祖父の時代にはすでに守護大名から戦国大名化して国内統一を達成していたが、当主となった晴信はさらに打って出て近隣諸国を平定していく。それに脅威を感じた北信濃《しなの》の諸将たちは、越後《えちご》の上杉謙信に支援を要請した。それを受けた謙信が信濃へと出兵し、「第一次川中島《かわなかじま》の戦い」が始まった。

この川中島の戦いは、第二次、第三次どころか第五次の戦いでも決着がつかなかった。そこで最終決着をつけるため、一五六四年八月、**両家から力士を一人ずつ出**

してその勝負に勝った方が川中島を領することに決めた。

武田方からは安馬《やすば》彦六《ひころく》、上杉方からは長谷川《はせがわ》与五左衛門《よござえもん》という者が出された。

両陣営の見守る中、取っ組み合って戦った結果、安馬は長谷川に負けてしまった。武田方は無念がり、今にも刀を抜いて戦おうとする者がいた。

それを制止した信玄は、「鬼かと思われるほど勇猛な彦六が、あんな小男に討たれたのは武運が尽きたのだ。組み打ちの勝負次第で決めると約束したのだから、川中島のことは約束通りにしなければならぬ。**違約は武士の恥とするところだ。**君子に二言はない。川中島四郡は、今日から上杉家へ差し上げよう」と言って帰陣した。足掛け十二年も戦った決着としては、なんとも潔いというか……。

「風林火山」の旗指物の意味するところとは？

川中島の戦いが続く中、甲斐国内では飢饉《ききん》と水害が発生するなど、**八方ふさがりの状況に困った晴信は「占い」をしてもらった**（「甲斐の虎」が占いを信じるとは!!）。

その結果は「出家せよ」だった。そのお告げを受けて出家し、晴信から「信玄」

へと改名した。

信玄は、「人を使うのは、人そのものを使うのではなく、その人の得意とする業を使うのだ」という信条の下、適材適所を心掛けて人材をうまく活用した。また、良い人材と見れば出自を問わずスカウトした。軍師山本勘助《やまもとかんすけ》や真田一族など、信玄によって見出され、才能を開花させた武将も多い。

信玄は、「疾如風、徐如林、侵掠如火、不動如山」という言葉を記した旗指物《はたさしもの》（軍旗）を作った。これは『孫子』から取られたもので、戦における四つの心構えをわかりやすく示していた。

其《そ》の疾《はや》きこと風の如《ごと》く　動くべき時は風のように迅速に動き、
其《そ》の静かなること林の如く　動くべきでない時には林のように静観し、
侵掠《しんりゃく》すること火の如く　侵略すべき時には烈火のごとく激しく、
動かざること山の如し　守るべき時には山のようにどっしり構えて守るのだ。

信玄は第一の旗に「疾如風」の三字を染めつけた。するとそれを見た部下の一人が、「恐れ多いことですが、『風』は徐々に弱くなるものです。風という文字を用いるのはいささか不安があります」と言ったので、信玄は、「その通りだ。しかし、その旗は先鋒《せんぽう》隊に持たせるものだ。先鋒というのは疾《はや》いことをよしとする」と言って笑った。

ちなみに**信玄は大の温泉好き**で、数多くの隠し湯を持っていたことでも有名だ。家臣たちが戦いで負った傷をできるだけ早く治すためにも温泉は有効な手段で、武田（騎馬）軍団が戦国一と称されたのも、温泉効果があったに違いない。

恐るべし!! 信玄の人間洞察力

信玄は言った。「**人は子供の時の様子で将来のことがわかるものだ。**武術の話を聞く子供が四人いたとする。一人目は口をぽかんと開けて話す者の顔ばかりを見ながら聞き、二人目は耳を澄まして少しうつむいて聞き、三人目は話している人の顔を見て少し笑ったり意味ありげな顔をしたりし、四人目はその物語を聞き終わるや否や席を立つ。このように四人四様いろいろなタイプがいる。**その子供たちが将来どのような大人になるか、わしが教えてやろう。**一人目は、話の内容が全く理解できていない。その後どんなに戦の場数を踏んでも分別がなく、自分にふさわしい家来も持てず、意見をしてくれるような友も持てない者だ。

二人目は、人の話に集中しようとしている。のちには武門の誉れ高き者となる。

三人目は、相槌《あいづち》を打って社交性を誇示しており、話の本質は理解していない。のちに武門の誉れ高き者になるが、あまりにそれを鼻にかけすぎて、人から憎まれる者である。

四人目は、十中八九臆病《おくびょう》者である。たとえ臆病者でなくても、人のあとにつくばかりで陣頭には立たず、逃げる敵を後ろから討って首を取ったのを、あたかも正面から槍《やり》で討ち取ったごとく偉そうに言いふらし、また、立派な武士の功名を妬《ねた》んで憎むような卑怯《ひきょう》者である」と。

さらに信玄は言った。「**およそ士《さむらい》たる者で、百人中九十九人に褒められる者は、良い人物ではない。**実は、軽薄な者か、才知に富みすぎる者か、盗人か、口先巧みにへつらう者か、この四つのうちのどれかだ」と。恐るべし、信玄の人間洞察力。

西上作戦の途中で無念の病死

信玄と謙信が十二年にも及ぶ川中島の戦いをしている間に、織田信長が勢力をどんどん拡大させていた。それに対抗して、浅井長政《あざいながまさ》、朝倉義景《あさくらよしかげ》、石山本願寺《いしやまほんがんじ》、そして将軍足利義昭《よしあき》などによって「信長包囲網」が形成された。信玄もこれに加わり、**一五七二年に三万もの大軍を率いて西上作戦を開始した。**

まず、信長と同盟を結んでいた家康をたたくことにした。武田軍は徳川領国である遠江《とおとうみ》に向かい、二俣城《ふたまた》を攻撃し、あっという間に占領した。家康の居城である浜松城《はままつ》まであと二十㎞。しかし、浜松城は要害堅固な城だ。籠城《ろうじょう》されるとなかなか落とせず、そうこうしているうちに信長からの援軍が来ると厄介だ……そこで信玄は一計を案じた。

二俣城を出た**信玄軍は、浜松城まであと三㎞というところで進路を変え、三方ヶ原に向かった。**「若造の家康など相手にならん」と馬鹿にしたように城下を素通りして行ったのだ。これを見た家康は頭にきて家臣たちの反対を押し切り、城を出て信玄の軍を追う形で三方ヶ原へと向かった。

その時だ。信玄は「待ってました」とばかりに反転し、迎撃の態勢に入った。**信玄の罠《わな》だった。**信玄は、家康を城から引っ張り出すために、わざと城下を素通りし、家康は見事にそれに引っかかったのだ。信玄のしてやったりの顔が目に浮かぶ。

徳川軍は大敗を喫し、家康は命からがら浜松城に敗走した。信玄との実力差を思い知らされた家康だった。

三方ヶ原の戦いで家康に勝利した信玄だが、突然行軍の速度を緩めた。**実はこの時、信玄は大病に侵されていた。**信玄の病状悪化に伴い、武田軍は西上作戦を切り上げて甲斐国への撤退を決断した。

その帰路の途中、信玄は無念にも病死した。享年五十三。死因は結核とも胃癌とも言われている。「無為自然」の生き方を好んだ信玄の辞世の句は、

大ていは　地に任せて　肌骨《きこつ》好し　紅粉《べにこ》を塗らず　自《みずか》ら風流

訳　だいたいのことは世の流れに身を任せておけば良いのだ。見せ掛けで生きず、自然に生きることがすばらしいのだ。

影武者三人の甲斐もなく信玄の死はすぐにバレた!?

信玄はいつも影武者三人を連れていて、そのおかげで身の危険を何度も逃れたことがあった。信玄は「自分の死を三年間隠せ。バレないはずだ」と遺言したが、今回ばかりは**影武者も役に立たず、信玄の死はすぐに諸大名の耳に入ることになった。**

信玄は死に臨んで息子の勝頼に向かって、「お前はまだ短気で分別がない。だからわしが死んだあと、みだりに兵を動かしてはならぬ。ひたすら国内の政治に精を出し、もし敵が侵入してくれば、それを防ぎ、敵が去れば国政に励め。三年も経てば、隣国は戦わずとも自然に屈してくる。お前がわしのこの言葉に従えば、なにも心配することはない」と言って死んだ。

しかし、勝頼はこれに従わなかった。戦国最強の武田軍を引き継いだ勝頼は、(調子に乗って)戦いを仕掛けて勝ち続け、その名を全国に知らしめた。だが、「長《なが》篠《しの》の戦い(長篠・設楽原《したらがはら》の戦い)」で画期的な鉄砲隊を配置した信長軍の前に大敗を喫すると(73ページ参照)、やがて家臣たちから離反され、自害に追い込まれた。

勝頼が信玄から家督を相続して九年、甲斐の名門武田家は滅んだ。

コラム 戦国時代に花開いた「衆道《しゅどう》」

一五四六年、二十六歳の**武田信玄**が、六歳年下の春日虎綱《かすがとらつな》に宛てたとされる**浮気《うわき》の弁明文の手紙が残されている**。内容を要約すると、「弥七郎《やしちろう》に言い寄りはしたが、腹痛のため断られた。嘘ではない。弥七郎とは以前にも寝ていないし、今晩も寝ていない」。

この手紙の続きは、「あなたと深い仲になりたくて手を尽くしているのに、かえって疑われることになってしまい、どうして良いか分からず困っている。これらが嘘だったら、わたしは神や仏に罰せられてもよい」とまで書いている。

信玄がこの手紙を送った相手、春日虎綱はのちに武田四天王の一人として数えられる高坂昌信《こうさかまさのぶ》のことである。猛将でも知られるが、美男子でもあったようだ。

戦国時代の武将は、小姓《こしょう》と呼ばれる幼い男子をそばに置き、衆道《しゅどう》の主従関係になることが多かった。

伊達政宗《だてまさむね》も五十歳を超えて小姓の只野作十郎《ただのさくじゅうろう》宛に書いた長い恋文が残っている。作十郎の浮気を疑った政宗が、酒の席で罵倒《ばとう》したことを謝罪する内容だ。

他にも有名なところでは、織田信長の小姓森蘭丸《もりらんまる》（成利《なりとし》）や前田利家《まえだとしいえ》も信長の衆道の相手を務めていた。

戦国時代に花開いた「衆道」とは、主君と小姓（将軍のそばに仕えた者）の間での男色の契りのこと。男と男の絆《きずな》を築く一種の儀式であり、肉体的関係よりも男同士の精神的な結びつきが重視された。小姓を持たねば一人前の武士とは言えないとまで考えられていた。

死を目前にしながら戦う過酷な環境の中で、妻子を残してきた武士同士が戦場でお互いを性的対象として見るのは無理からぬことだった。

宣教師フランシスコ・ザビエルは本国への手紙の中で、「寺に教育のために預けられている少年たちが、僧侶《そうりょ》と平然とイケないことをしている」と書き、

「一神教と一夫一妻制、そして男色の罪を日本人に説明することは難しい」

と嘆いている。

山《やま》本《もと》勘《かん》助《すけ》（1493?〜1561）

長い武者修行の果てに、信玄の軍師として大活躍!!

十数年の放浪ののち、戦いの極意を得た勘助
兵は詭道なり!!
フーッ
ズル…
信玄様!! これなら謙信に勝てます!!
武田
上杉
武田
名付けて啄木鳥戦法!!
ドン
わははは
信玄、勘助!! 敗れたり!!
あれ〜?
わき
わき
無念… もはやこれまで
むぎゅーっっ
討ち取ったり

「兵は詭《き》道《どう》なり」

武田氏の軍学書である『甲陽軍鑑《こうようぐんかん》』に、山本勘助は三河国宝《みかわのくにほ》飯郡《いぐん》(現・愛知県豊《とよ》川《かわ》市)の出とあるが、出生地や生誕年などは不明の人物だ。

勘助は二十代半ばにして上京し、足利将軍に奉公しようとしたがかなわず、仕方なく古戦場を巡るなどして、毛利《もうり》氏のところに向かったがここでも士官を断られた。仕えるべき主君が見つからないまま、勘助は武者修行の旅に出る。

九州、中国から北陸、そして東北まで足を延ばしたのち、南下して東海に向かい、今川義元のところに身を寄せた。勘助は、体中傷だらけで右目と左足は負傷して不自由、指もそろっておらず、まさに**異形の姿**であった。それゆえ、(見た目を重視する)今川義元に嫌われて飼い殺しの目にあっている。

勘助は長年諸国を巡って得た豊富な情報と、孫子の兵法に関する深い知識を持っていた。

「兵は詭道なり」……戦では敵を欺いてでも味方の兵を損なわず勝つことが良い戦なのだ、というのが勘助の持論だった。

武田信玄はそれに感心し、新参者としては破格の待遇で雇った。**十数年の放浪の**

末、ついに士官がかなった勘助は信玄の期待に応《こた》えて軍師として手柄を立てていく。

十八番の「啄木鳥《きつつき》戦法」、敗れたり!!

その当時、信玄は上杉謙信と何度もの「川中島の戦い」を繰り広げていた。そして、一番の激戦となる**第四次川中島の戦い**が起きた。

一五六一年、謙信は一万三千、信玄は二万もの兵を率いて川中島で対峙《たいじ》する。この時、勘助が出した戦法は**「啄木鳥《きつつき》戦法」**だった。

その戦法とは、軍勢を二手に分け、まず一つの部隊が上杉の本陣を背後から急襲し、驚いた上杉勢が飛び出してくるところを、待ち伏せしていたもう一つの部隊が挟撃するというもので、啄木鳥が嘴《くちばし》で木をつつき、餌となる虫が木の中から飛び出したところを食うのに似ているところから「啄木鳥戦法」と名づけられた。

ところが、謙信はこの勘助の十八番《おはこ》の戦法を事前に察知し、先に打って出て手薄になった信玄の本陣を攻めた。謙信の猛攻を受けた武田軍は必死に防戦したが、上杉勢に押しまくられ、主要な武将が相次いで討死した。

ここで世に名高い**「謙信VS.信玄」**の一騎打ちが起きる。乱戦の最中に、謙信は手薄になった武田軍本陣に一人で斬り込みをかけた。愛馬放生月毛《ほうしょうつきげ》に乗った謙信は、信玄に三太刀斬りつけたが、信玄は軍配をもってこれを凌《しの》いだという。

そこに武田の別部隊が戻ると、今度は上杉軍が挟み撃ちされる状態となり、形勢は逆転した。不利を悟った謙信は急いで撤退した。

この戦いで勘助は自分の失策の責任を感じ、軍師でありながら死を覚悟して敵陣に突撃し、奮戦したものの全身に傷を受けて討ち取られた。

なお、**当てずっぽうのことを「山勘《やまかん》」と言うが、一説には山本勘助の名前が由来とされている。**勘助は、ヤマカンで勝っていたわけではないので、これは名誉なことなのか、不名誉なことなのか……。

上《うえ》杉《すぎ》謙《けん》信《しん》（1530〜1578）

「義」において戦う軍神……不敗率はなんと92・6%!!

じゃじゃーん!
軍神上杉謙信見参!!
困ったらよんでねー
大切なのは義じゃ!!
いっぱい塩もらったー!!
敵
敵
塩
ウィ〜ッ ヒック
謙信様〜 お金か土地ください〜
コロン
飲みすぎた!! 無念じゃー

「謙信殿は軍神の化身かと思える」

謙信は、越後の守護代の長尾《ながお》為景《ためかげ》の子として生まれた。七歳の時、父が隠居し、兄の晴景《はるかげ》が長尾氏を継いだので、謙信は林泉寺《りんせんじ》に入門させられたが、謙信は僧になるのを嫌って僧事は学ばず、毎日付近の子供たちと戦の真似事《まねごと》ばかりした。自分でお城の模型を作って城攻めのシミュレーションをしていたという（どんだけ戦いが好きなんだか……）。

そこで、僧事の代わりに立派な武将になるための知識を身につけることにした。これがのちに**「越後の龍《りゅう》（「虎」とも）」と呼ばれる猛将謙信の礎**となった。

そのまま僧侶《そうりょ》になる可能性もあったが、父が亡くなり、兄の力では豪族たちの反乱を押さえ切ることができなかったため、謙信は寺から呼び戻された。

十四歳の謙信は家臣たちを指揮して豪族たちを次々に倒し、越後の内乱をおさめた。謙信の軍師と言われる宇佐美定行《うさみさだゆき》は、謙信のことを「謙信殿は軍神の化身かと思える」と称《たた》えている。

生涯成績、百八戦六十四勝八敗三十六引き分け（諸説あり）。

勝率は六割弱と低いが、有名な武田信玄との五回に及ぶ川中島の戦いなど引き分けが多いためで、**不敗率を見ると、実に92・6%**……負けない男だ（ちなみに信玄も仲良くほぼ同率で負けない男）。

鉄砲玉がかすめても悠々とお茶を三杯

謙信の勇猛ぶりを伝える話は多い。武勇、知略はもちろんのこと、**「胆力」がすごかった**と伝えられている。

小田原に攻め入った時、謙信は昼食をとることにした。馬を置き、弁当を食べ、のんびり茶を飲んでいる所を見つかり、敵の城兵が鉄砲十挺《ちょう》ばかり連ねて、三十間（約五十五m）ほど離れたところから三度撃ってきた。けれども、弾は謙信の袖鎧《そでよろい》をかすめただけだった。謙信は少しも騒がず、茶を三服喫していた。城兵はこれを見て、その猛勇を褒めない者はいなかったという。

「軍神」と呼ばれた謙信は同時に**「義将」**とも呼ばれ、足利家から賜った「関東管《かん》領」の職を全うした。謙信は生涯で関東へ十三回、川中島へ五回、越中へ七回、能《の》登《と》へ三回の出陣を行っているが、それは他国からの救援要請に応じたもので、**「困っている人を助けるため」＝「義」の戦い**だった。

だから、相模の北条氏、甲斐の武田氏と戦って勝利しても領土を拡げようとしなかった。

謙信は手紙にこう書いている。

依怙《えこ》によって弓矢は取らぬ。ただ筋目をもってどこへも合力いたす。

訳 私利私欲で合戦はしない。ただ道理がかなっていればどこにでも力を貸す。

ライバルの武田信玄が今川氏に「塩止め」され、塩の取れない内陸地甲斐の領民が困っていると聞いた謙信は塩を送ったという。**「敵に塩を送る」**という伝説が作られたのも「義将」謙信ならではのことだろう。

信玄はいまわの際《きわ》に、「いざとなったら謙信を頼ると良い。頼めばあの男は断らぬ」と息子勝頼に言い残しているくらいだ。この二人のライバル関係は他人にはわからない尊さがあった。良い時代だ。

改名七回、「謙信」という名に込められた意味とは!?

謙信は生涯七回も名前を変えている。

虎千代《とらちよ》→平三《へいぞう》→景虎《かげとら》→政虎《まさとら》→正成《まさなり》→輝虎《てるとら》→宗心《そうしん》→謙信

このうち最後の二つ、「宗心」と「謙信」には深い意味がある。

謙信が「輝虎」と名乗っていた四十一歳の時、高僧・益翁宗謙《やくおうそうけん》に禅問答を仕掛けられ、自分がいかに自己チューだったかを指摘された。

敵からも信頼されるほどの「義将」謙信だったが、実はその家臣は大変だった。命を賭《か》けた戦いに度々駆り出され、勝っても論功行賞がないのではたまったものではない。家臣たちに不満が高まっていたことにようやく謙信は気が付いた。

そして宗謙の教えのもと（名前も一字もらった）、**出家して「宗心」、そののち「謙信」と名を改めてからは方針を大きく変えた。**新たに得た領土は家臣達に分け与えるようになり、上杉軍は結束を固めた……現金なものだ、とは言うまい。

一五七三年四月、信玄が死んだ。

それを聞いた時、謙信はちょうど湯づけを食べていたが、思わず箸《はし》を置いて口のなかの湯づけを吐き出し、「残念なことだ。名大将を死なせてしまった。英雄というのは信玄のことを言うのだ。関東武士の柱がなくなって惜しいことだ」と言って涙をこぼし、**三日の間鳴物《なりもの》を禁じた**（※）という。
※音の出るものや楽器類の演奏をいっさい禁止すること。重大な葬儀のある時に行われる。
謙信と信玄との因縁の対決は、一五五三年の甲越対決、いわゆる「第一次川中島の戦い」から始まって、第二次、第三次、第四次と続いた。

一五六四年の第五次の戦いにいたっては「にらみ合い」をするだけ……**足掛け十二年にも及んだ川中島の戦いは結局決着がつかなかった**（その間に信長が勢力を伸ばしてしまう……）。

信玄が死んだことを知った家臣たちは、この機に乗じて信濃に出陣すれば勝てると勧めたが、謙信は、「信玄の跡を継いだまだ若き勝頼を倒すのは大人げない振舞いである」といって出陣しなかった。やはり「義」の人、謙信は謙信だった。

謙信の死因は、酒の飲み過ぎ⁉

信長が将軍家を軽視していると聞いた謙信は激怒し、「信長を痛い目にあわせてお仕置きをしてやろう」と、越後の雪の消えるのを待って都へ上ろうと決めた。しかし、謙信は関東への遠征の準備中に城内の厠《かわや》で突然倒れ、その後意識が回復しないまま帰らぬ人となった。享年四十九。

死因は酒の飲みすぎからくる脳溢血《のういっけつ》と推測されている。謙信は大の酒好きで、肴《さかな》は何も食べずただ酒をあおる……さすが「虎」と呼ばれただけのことはある。

謙信が戦場に持参した**「馬上杯」**と呼ばれる杯《さかづき》が残されているが、馬上でも酒が飲めるよう工夫されたその杯は、直径十二㎝、なんと三合は入る代物だ。

この「馬上杯」は、不安定な馬上でもこぼさずお酒が飲めるように、長く握りやすい高台がついている。デザインも美しく、これでお酒を飲んだらさぞかし美味かっただろう（カラーでお見せ出来ないのが残念じゃ）。

馬上杯

謙信の晩年の詩が残されている。

四十九年《しじゅうくねん》　一睡夢《いっすいのゆめ》
　私の四十九年の人生は一睡の夢のようであり、
一期栄華《いちごのえいが》　一盃酒《いっぱいのさけ》
　生涯の栄華は一杯の酒のようである。

もう少し謙信の夢の続きを見たかったものだ。
謙信はロマンチストでもあり、『源氏物語』を愛読していた。若い頃大失恋した
ため生涯不犯《ふぼん》（妻帯禁制）を貫いたといわれ、そのため子供は全員養子だった。
謙信の死後、二人の養子、景勝《かげかつ》と景虎《かげとら》とが当主の座を巡って争った結果、景勝が
当主となった。

毛《もう》利《り》元《もと》就《なり》

（1497〜1571）

「三本の矢は折れない」……教訓話が大好きなオヤジ

「一本の矢ならたやすく折れるが、三本束にすれば容易には折れない」

戦国時代、「西国の覇者」「中国の雄」と呼ばれた大大名・**毛利元就**だが、家督を継いだ時の毛利家は、安芸《あき》吉田荘《よしだのしょう》（現・安芸高田市吉田）の小さな山城を居城とする小領主に過ぎなかった。

大内《おおうち》氏の勢力下にあった元就は、戦わずして勝つ術《すべ》を考えた。元就には三人の優秀な息子、**長男隆元《たかもと》**、**次男元春《もとはる》**、**三男隆景《たかかげ》**がいた。「この息子たちが力を合わせればなんとかなる！」。

まず、妻の実家でもあった隣国の吉川《きっかわ》家の家臣たちに土地を与えて取り込み、次男元春を推薦させて吉川家の養子にした。「次の代までの中継ぎです」と欺いて元春が当主になると、約束を反故《ほご》にして先代の吉川当主を暗殺して吉川家を乗っ取った。

……うーん、ちょっと卑怯《ひきょう》な気もするが、軍略・政略・謀略なんでもありの下剋《げこく》上《じょう》戦国時代、この程度の裏切りは当たり前としよう。三男隆景は子供のいなかった小早川《こばやかわ》家の養子にし、その後、当主となって無傷で乗っ取ったのだ。

長男隆元に本家の家督を継がせ、これで「毛利家・吉川家・小早川家」の三家連合軍、「三本の矢」の完成だ。

死ぬ間際の元就が、息子三人を呼び寄せて話したのが、かの有名な**「三本の矢の教え（「三矢の訓」）」**だ。

元就は三人の息子に向かってまず一本の矢を渡し、「どうだ、折れるか」と問うと、息子たちは「折れます」と言って簡単に折った。「では三本の矢ならどうだ」と言って三本の矢束を渡された三人は、力いっぱい折ろうとしたが折れなかった。


「どうだわかったか、お前たちもこの三本の矢のごとく、力を合わせて毛利家を守るがよい」


という話だが、これに似た話は世界中にあり、また元就よりも長男隆元のほうが先に亡くなっている点などから考えても後世の創作だろう。ただし、元就が息子たちに一族の結束を繰り返し説いたのは事実だ。

なお、Jリーグのサンフレッチェ広島の「サン」は「三」、「フレッチェ」は「矢」を意味するイタリア語だ。元就の「三本の矢」の教訓は今の世にも生きている。

「乞食若様」と呼ばれても、「大志」を抱く!!

毛利元就は、安芸国《あきのくに》（現・広島県西部）の国人領主毛利弘元《ひろもと》の次男として一四九七年に生まれた。戦国時代の中でも初期の生まれで、同じ年代には山本勘助や斎藤《さいとう》道三《どうさん》がいる。

安芸国では小領主が複数存在している混沌《こんとん》とした状態だったが、九州北部から山陽地方にかけて勢力を伸ばしていた大内氏、山陰地方を牛耳っていた尼子《あまご》氏がいた。**安芸の小領主達は、大内氏と尼子氏のどちらに付けば自分の領地を守れるのか、難しい選択を迫られていた。**毛利氏もその一人に過ぎず、当時毛利氏が従属していたのは大内氏だった。

こうした中で、元就が五歳の時に母親が死去、十歳の時に父親も死去すると、後見役のはずの家臣に城を奪われ、城を追い出されてしまった。孤児となった元就は「乞食若様（若殿）」と呼ばれ、貧しくみじめな生活を送るはめに陥った。

そんな元就を不憫《ふびん》に思った**父の継室杉大方《すぎのおおかた》が元就を引き取って養育**してくれた。後年元就は、「大方様はまだ若かったのに、自分のために再婚もせず育ててくれた。

私は大方様にすがるように生きていた」と書状に書き残し、感謝の念を忘れなかった。

元就が十二歳の頃、厳島《いつくしま》神社に詣《もう》でた。お守り役の者が「私めは、殿が中国を全部持たれますようにと祈りました」と言った。

すると元就は「中国の全部とは愚かなことだ。日本全部を持つようにと祈ればよいものを」と言うので、お守り役は「まずはこのあたりをことごとく平らげることから始めて……」と言いかけると、**「日本国中を取ろうとすれば、中国など簡単に取れる。しかし、中国だけを取ろうと思えば、中国は取れないものだ」**と言った。

元就の先祖は、源頼朝《みなもとのよりとも》の側近として鎌倉幕府で重要な役割を担った大江広元《おおえのひろもと》にたどり着くという。そうした高貴な血筋としての誇りを元就は子供ながらに持っていた。

「西国の桶狭間《おけはざま》」を制して一躍名を馳せる!!

父亡き(呑みすぎで死亡)あと、毛利家は長兄興元《おきもと》が家督を相続していたが、元就が二十歳の頃に急逝(こちらも呑みすぎで死亡)する。興元には嫡男幸松丸《こうしょうまる》がいたが、まだ二歳だったので元就が後見人となった。

一五一七年、安芸武田《たけだ》氏との戦いで、二十一歳の元就は初陣だったにもかかわらず、大将の武田元繁《もとしげ》を討ち取って大勝利した。**安芸武田側の兵五千に対し、毛利側は千程度の兵に過ぎなかった**ことから、「西国の桶狭間《おけはざま》」と呼ばれるこの戦いで元就の名は一躍世に轟《とどろ》いた。

その後、幸松丸が病気で他界したことで、**元就は二十七歳にしてやっと毛利家の家督を継いだ。**遅咲きのスタートだ。

大内氏の援助のもと、尼子氏と戦って安芸・備後《びんご》（現・広島県東部）・石見《いわみ》（現・島根県西部）の盟主という地位を手に入れた元就は、大内氏から独立することを決意する。しかし、簡単に独立することはできない。まだ力不足だ。

そこで元就が考え出したのが冒頭の「三本の矢」作戦だ。安芸・石見に勢力をもっていた吉川家に次男元春を養子に出し、瀬戸内海に水軍を持っていた小早川家に三男隆景を養子に出し、その後それぞれ家督を相続させた。二人の子は、吉川元春、小早川隆景と名乗り、本家の家督を継がせた長男隆元と合わせて**「毛利両川《りょうせん》体制」**を敷いて毛利家繁栄の礎を築いた。

圧倒的に不利な戦いで元就の取った作戦とは⁉

そんな折、**主君大内義隆《よしたか》が家臣の陶晴賢《すえはるかた》により殺害され、陶氏が実権を握る**という謀反が起きた。元就はこの混乱をチャンスと見て大内方の政権・軍事の拠点となっていた「厳島」を奪取した。晴賢は厳島奪還のため、一五五五年、二万の大軍を率いて厳島に上陸した。**中国地方の覇権をかけた「厳島の戦い」の開幕だ。**

元就が兵を率いて厳島に向かおうとしたその時、暴風雨となった。兵たちは「風の止むのを待ちましょう」と言ったが、元就は「これこそ天の助けだ」と言って本船にだけ篝火《かがりび》を掲げ、これを目印にして部下たちの船も荒波を越えて渡った。

元就率いる三千の兵は、厳島に上陸すると陶氏の本陣を見下ろせる山の頂まで駆け上った。翌朝、一斉に晴賢の本陣目掛けて山を駆け降り、そこにひそかに忍び寄っていた小早川隆景の軍が合流して襲い掛かった。この奇襲攻撃によって陶軍は大混乱に陥り、晴賢は敗走するしかなかった。

晴賢が船に逃げ込もうとしたところ、援軍に駆け付けた村上《むらかみ》水軍によって船を撃破され、**晴賢は退路を断たれ自害して果てた。**

「厳島の戦い」に完勝し、「中国の雄」へのし上がる!!

実はこの「厳島の戦い」の前、晴賢側との戦力差を埋めるために、元就は事前工作をしていた。晴賢の家臣で知略に長《た》けていた江良房栄《えらふさひで》を陥れるために、**「房栄は謀反を企てている」というデマを流し、さらに毛利氏と内通を約束した書状まで偽造した。**晴賢は房栄を疑って殺害してしまい、これによって陶氏内は混乱。元就の脅威が一つ取り除かれた形となった。

また、瀬戸内海で活動していた海賊衆の村上水軍を傘下に収め、海からも攻撃することで晴賢軍を挟み撃ちする体制を整えた。準備万端、あとは敵をおびき寄せるだけだった。厳島を戦いの場所に選んだのも、三千対二万という兵力差を考えてのもので、晴賢の大軍も狭い場所であれば動きが制限されるという読みからだった。**戦術がここまで見事にはまった合戦はそう無い、というくらいの完勝劇だった。**

一五五七年に大内氏を滅亡させた元就は、一代のうちに一介の国人領主から安芸・備後・石見・周防《すおう》（現・山口県東部）・長門《ながと》（現・山口県西部）・出雲《いずも》（現・島根県東部）など十か国を支配する**「中国の雄」へとのし上がった。**元就の没後だが一五九〇年頃に行った検地では、毛利氏は六十万石を超える全国有数の石高を有していた。

ただ元就は、「天下を競望することなかれ」という言葉を残しているように、天下人になる気はなく、確実に中国地方を支配し、家名を存続させる意志のほうが強かった。

二百八十五cmにも及ぶ『三子教訓状』の内容とは⁉

三本の矢の「毛利両川体制」がずっと仲良く続いたわけではなかった。次男、三男にはそれぞれ吉川家、小早川家の当主としての立場があり、意見の相違も多々あった。それを心配した**元就が、六十一歳の時に『三子教訓状』という手紙を書いた。**

そこには、『毛利』の二字を大切に守れ」「三兄弟仲良く」から始まり、「厳島神社にお参りしなさい」「毎朝太陽を拝んで念仏を十遍ずつとなえなさい」などの細々とした教訓（命令？）が、くどくどくどくど、全部で十四条、長さ二百八十五cmにも及んで書かれていた。最後の第十四条にいたっては、こんな感じだ。

「言いたいことを全部言ってしまって、本望この上もない。いや〜、めでたいめでたい」

もらった三兄弟は困り顔。返事は長男隆元からの一通のみ。そこには「父の教訓、諸々よく分かりました」とひとこと書かれていただけだった。ちゃんと返事くらいしなさい、と元就は小言を言ったが、息子たちとしてはどう返事したものか……。

元就は隠居後も実権を握り、晩年まで戦場に立ち続けた（迷惑なような迷惑でないような……）。生涯で八十回を超える戦いを指揮し、勝率八割以上。不敗率にいたっては90％を超え、**戦国大名の中でも最高の数字**を残している。享年七十五。

歴代の当主が酒の害で亡くなっていたことから元就は下戸で通し、健康にも気を使った。嫡男の隆元にも「酒は分をわきまえて飲め」と、節酒の心得を説いている。

一族団結を旨とする元就の教えはその後も子孫に受け継がれ、「関ケ原の戦い」で西軍の総大将として敗れた孫の輝元《てるもと》は、大きく減封されたもののその子の秀就《ひでなり》が長州《ちょうしゅう》藩の初代藩主となり、その血筋は継承されていった。

第二章

天下取りレースを勝ち抜くのは誰だ!?

~信長の「天下布武」と秀吉の天下取り~

今《いま》川《がわ》義《よし》元《もと》（1519〜1560）

貴族文化に憧《あこが》れて公家メイク……天下を取り逃した大大名

武士のたしなみでおじゃる
ヒソヒソ
武士のたしなみでおじゃる
ヒソヒソ…
ヘタクソだわ…
武士のたしなみでおじゃる
エッサ
エッサ
ありゃなんだ
馬に乗れんらしい…
武士の……あ〜れぇ〜
あら
あらあら

今川軍二万五千 vs. 織田軍二千

これだけの兵力差がありながら「桶狭間《おけはざま》の戦い」で負けた今川義元は、「信長に討ち取られた愚将（バカ殿様）」のイメージで語られることが多い。

・**貴族文化に憧《あこが》れて、顔に白粉《おしろい》、歯には鉄漿《おはぐろ》という公家《くげ》メイク。**
・**幼い頃から仏門に入り、武芸をろくに嗜《たしな》んでいなかった。**
・**（足が短くて）騎馬できないので、輿《こし》に乗って移動した。**

などなど、散々な義元像だが、一方で**「海道一の弓取り（※）」**と呼ばれ、駿河《するが》・遠江《とおとうみ》（現・静岡県西部）を領有する戦国の大大名だったのも間違いない。

※「海道」は東海道のことを指し、「弓取り」は弓矢で戦う武士から転じて国持ち大名のことを指す。東海道を平定した大名としては、初代が今川義元、二代目が徳川家康となる。

しかし、この「桶狭間の戦い」では馬ではなく輿に乗って戦場へ向かい、途中途中で休憩を取りながら進軍している。そして緒戦に勝って油断したのか、襲われやすい谷間である桶狭間（現・愛知県名古屋《なごや》市緑《みどり》区と愛知県豊明《とよあけ》市にまたがる地域）に陣を張り、のんびり昼食の準備をしていたところを討たれたのだからバカ殿様と言われても仕方がない……。

義元にとって化粧は武士のたしなみ⁉

義元は京の公家や僧侶《そうりょ》と交流したり、京を逃れて来た公家たちを保護したりした。顔の化粧や鉄漿《おはぐろ》は、義元にとって戦場に向かう武士のたしなみの一つだった。

ある時、義元が斥候《せっこう》（敵情視察）を命じた部下が失敗して帰ってきた。義元はかんかんに怒った。その部下は悄然《しょうぜん》として低い声で藤原家隆《いえたか》（『新古今集』の撰者《せんじゃ》）の歌を唱えた。それを聞いた義元はしばらく口ずさんでいたが、やがて怒気が薄れ、

「急場の間に家隆の歌を思い出したのは見上げたことだ」

と言ってその罪を赦《ゆる》した。このエピソードでも、**斥候に失敗した部下がとっさに藤原家隆の和歌を唱えたことで放免する、という粋《いき》な計らいをしている。**ただし、これは「貴族的な粋」であって、「武士的な粋」ではないところが義元らしい。

甲斐の武田信玄と、関東（相模）の北条氏康《うじやす》との間で「甲相駿《こうそうすん》三国同盟」を結んだ義元は背後の憂いを排し、西へと勢力拡大するチャンスを得た。一五六〇年、信長を倒して尾張《おわり》を併合するために義元は侵攻を開始した。働き盛りの四十二歳の義元にとって、天下取りのチャンスだ。

実は和歌は下手だった!?

夏山の　茂みふきわけ　もる月は　風のひまこそ　曇りなりけれ

訳 夏山の茂みが風に揺れてその隙間から漏れ見える月明かりは、風が止むとまた茂みで雲隠れして見えなくなってしまう。

桶狭間の戦いで討ち取られることになる義元が、同年に詠んだ歌だ。戦国武将が詠んだ歌としてはずいぶんと風流だが、本人もまさかこれが生涯最後の歌になるとは思っていなかっただろう。**義元は公卿《くぎょう》で歌人の冷泉為和《れいぜいためかず》に和歌の指導を受けていたが**、その割にはあまり上手とはいえないのが残念だ。

ただ、この歌で歌われている情景は暗示的だ。風に揺れる茂みの間から漏れていた月光が、風が止まったとたん茂みに阻まれて見えなくなる様子を、「曇り」と詠んでいる。それは、まるで一瞬の隙を突かれて信長に討たれてしまった義元自身の「曇り＝死」のようだ。

この日、暴風雨に紛れて信長軍の精鋭二千が義元の本陣近くに忍び寄った。そして風雨が止んだ瞬間、信長は全軍に指令を出した。「狙うは義元の首ひとつ!!」。奇襲攻撃は成功し、義元を守っていた馬廻り衆三百人は蹴散《けち》らされた。毛利新介《しんすけ》（良勝《よしかつ》）によって組み伏せられた義元は必死に抵抗し、新介の指を噛みちぎったが、討ち取られてしまった。

義元の死後、今川家はどうなる？

義元の首はすぐさま信長のもとに届けられ、信長はそれを見て満足した。また、義元の愛用していた**名刀・義元左文字**《よしもとさもんじ》も戦利品として届けられた。それを手にした信長は狂喜し、「永禄《えいろく》三年五月十九日義元討捕刻彼所持刀」「織田尾張守信長」と刀に刻んでいる。この刀は「天下取りの刀」とも呼ばれ、その後、秀吉、秀頼《ひでより》、家康、そして徳川歴代将軍家へと伝わった。

一方、敗走した今川軍は首の無くなった義元の胴体をなんとか駿府《すんぷ》まで運ぼうとしたが、腐敗の進行が激しくて諦《あきら》め、途中の三河《みかわ》国宝飯《ほい》郡（現・愛知県豊川市）に埋葬した。

「桶狭間の戦い」で大敗を喫し、総大将義元を失った今川氏の跡を継いだのは**嫡男氏真《うじざね》だったが、これがダメダメ息子**だった。

父義元の敵を討つ気は毛頭なく、若輩者で統治能力にも欠けていた氏真を見た家臣や、傘下の国人領主たちは次々と離脱していった。ちなみに、長らく今川家で人質生活を送っていた松平元康《まつだいらもとやす》（のちの徳川家康）も三河に戻って自立している。

自国領内すらも統治できなくなった今川氏はあっという間に衰退していき、**義元の死から九年後（早っ!!）、名門今川家は十二代で滅亡**した。

織《お》田《だ》信《のぶ》長《なが》（1534～1582）

『敦盛《あつもり》』に象徴される、覇王信長四十九年の人生

と、との〜〜
そのような格好はおやめ下され〜〜
敵を欺くにはまず味方からって言うよね!!
天下布武!!
義元討った
比叡山焼討
将軍追放
あー忙し
天下布武!!
長篠の戦い
一向一揆鎮圧
安土城建設
あー忙し忙し
49年人生幕
あーー忙しかった

「人間《じんかん》五十年《ごじゅうねん》、下天《げてん》のうちをくらぶれば、夢幻《ゆめまぼろし》のごとくなり。一度《ひとたび》生を得て、滅せぬ者のあるべきか」

「桶狭間《おけはざま》の戦い」の日の早朝、信長は幸若舞《こうわかまい》『敦盛《あつもり》』を歌い舞った。

この『敦盛』は、平家の若き公達《きんだち》敦盛を討ち取った熊谷次郎直実《くまがいじろうなおざね》がこの世の無常さを歌ったものだ。

下天（天界）の壮大な世界に比べれば、人の五十年なんて夢のようにはかないもの……、どうせいつか人は死ぬのだから、「今」を必死に生きようではないか。信長はこの歌を歌うことで、必死に生きる決意を新たにした。

織田軍二千、対する今川軍二万五千。

圧倒的に不利な状況を打破するには、乾坤一擲《けんこんいってき》の奇襲戦法しかない。『敦盛《あつもり》』を舞い終わった信長は出陣したが、**主従わずかに六騎、歩卒二百人ばかり**で駆けだした。途中、熱田《あつた》神宮に詣《もう》でると白鷺《しらさぎ》が二羽旗の先に飛んで行く。それを見て、あれこそ大明神が守ってくれるのだと諸勢は勇みたった。

合流した精鋭部隊二千とともに、信長は今川義元のいる本陣に向かって突き進んだ。**「目指すは義元の首一つ。他は気にするな!!」**と信長は発破をかけた。

一方、義元は駿河の先陣が勝ったと報告を受けて喜び、酒を飲んでいた。折から急に曇って夕立が降り始め、風雷も激しくなった。信長の軍勢はその暴風雨に紛れて義元の本陣へと近づき、一気に斬り込んだ。

不意をつかれた義元の兵たちは慌てふためいた。信長率いる二千の兵は義元を取り囲む馬廻り衆三百を蹴散らし、ついに毛利新助が義元の首をとった。総大将を討たれた今川軍は総崩れとなった。信長は追撃して首二千五百をとり、勝鬨《かちどき》をあげて清洲《きよす》へ凱旋《がいせん》した。

歴史が動いた瞬間だった。この戦いを境として信長の武勇の名は一気に高まった。

信長の「うつけ」姿は本物か、それとも……!?

一五三四年、織田信秀《おだのぶひで》の嫡男として生まれた信長は、幼名を「吉法師《きつぼうし》」と言った。

その頃の信秀は、尾張国（現・愛知県西部）の守護代（※）清洲城主織田氏の老臣で、清洲三奉行の一人という身分に過ぎなかったが、息子の吉法師に戦国の乱世を生き抜く強さを身につけることを望んだ。

※「守護代」……在京が義務付けられていた「守護」に代わって現地の支配にあたる役職。

そこで信秀は、市川大介《いちかわだいすけ》に弓を、橋本一巴《はしもといっぱ》に鉄砲を、平田三位《ひらたさんみ》に兵法を習わせ、さらに天王坊《てんのうぼう》にあるお寺で学問を学ばせるなど、**吉法師に徹底的な英才教育をほどこした。**戦国の教育パパだ。しかし幼い吉法師としてはいい迷惑。元服して「信長」と名乗るようになると、父に反抗するようになった。いつの時代も親から子への押し付けはよくないということだろう。

信長は変な恰好《かっこう》をし、歩く時も人に寄りかかったり、食べ歩きをしたりして、傍若無人に振舞った。これを見た町の人たちは、**信長のことを「うつけ者（愚か者）」と呼んだが、この姿はあくまで見せかけだった。**

子供たちが東西に分かれて石つぶてを投げ合う勝負をした時、信長は働きに応じて褒美として自分の持っていた品々を与え、自分は一銭も貯《たくわ》えず全部分け与えてしまった。それを見ていた大人の武将が、「この子は将来名将となるであろう」と言って舌を巻いたという。**信長は幼少期から将たる資質を持っていた。**

また、近臣を集めて竹槍《たけやり》で闘わせ、それを観察していた信長は、「鎗は長い方が有利である」と言って、三間半（約六・四m）の槍を作らせた。当時の槍の長さの平均は二間〜二間半（約三・六〜四・五m）。長い槍のほうが戦いに有利であると信長は考えたのだ。信長は常識にとらわれない革新的な考え方も持っていた。

「抹香《まっこう》投げつけ事件」発生!!

一五四九年、信長の父信秀が死んだ。その法事でのこと。「信長は長柄の刀脇差《わきざし》を藁縄《わらなわ》にて巻いて差し、髪は茶筅《ちゃせん》（※）に結び、袴《はかま》もはかず焼香に出た」……**いつものうつけ姿のまま信長は位牌《いはい》へ進み出たあと、抹香《まっこう》をかっとつかんで仏前へ投げつけてそのまま帰った。**有名な「抹香投げつけ事件」だ。

※「茶筅」……もとどりを組紐《くみひも》で巻き、先をほどけさせて茶筅の形にした結い方。

茶筅髷《まげ》

それを見た人々は「礼儀を知らぬ大うつけよ!!」と口々にののしった。これは父への気持ちの裏返し、**信長の屈折した愛情表現だった**が、他人に分かろうはずがない。信長の傅役《もりやく》だった平手《ひらて》政秀《まさひで》は亡くなった主人の信秀に申し訳なく思い、信長をうつけに育ててしまった責任を取って切腹した。なんてことだっ！

信長は政秀のために政秀寺《せいしゅうじ》を建てて忌日には必ず

参詣《さんけい》した。そして「過去を改め、行いを正して大功を天下に立て、以前の過失を償おう」と誓った。

その後、畿内《きない》を平定したのちも政秀のことを忘れず、事に触れるたびに政秀を思い出し、鷹狩《たかが》りに出かけた時などは、鷹が取った鳥を引き裂いて、その一片を「**政秀、これを食べろ**」と言って空に向かって投げ、涙を浮かべていたという。信長、いい奴じゃん。

一流は一流を知る……蝮《まむし》の道三の慧眼《けいがん》恐るべし!!

信長は、隣国美濃《みの》（現・岐阜県南部）の斎藤道三《どうさん》の娘濃姫《のうひめ》（超美人!!）と政略結婚した。道三としては「うつけ」と呼ばれる信長と娘を結婚させることで、労せずして尾張を手に入れられると思ったのだ。**道三は、信長が本当に「うつけ」であるかどうかを確かめるため**に会うことにし、会見場所の聖徳寺《しょうとくじ》に先に着いて物陰から信長の様子を窺《うかが》った。

信長のその日のいで立ちはいつも通りの「うつけ」姿だった。ただ、後ろに槍五百本、鉄砲五百丁を持たせた総勢千七、八百人を引き連れていた。

そしていよいよ初会見となった時、道三は目を疑った。さきほどまでの姿とは打って変わった正装姿で信長は現れたのだ。

二人は酒を酌み交わし、無事に会見が終わったが、道三は終始不機嫌だった。信長を見送ったあと、道三の部下の一人が「どう見ても、信長は『うつけ』に見えますな」と言ったのに対して、

「此秀龍《このひでたつ》が子供は頓《やが》てあの戯気者《たわけ》が門前に馬を繋《つな》ぎ候はんこと、案の内に候へば、口惜く存ずる」

訳 この道三の子供は、やがてあのたわけ者信長の下について、ご機嫌を伺うことになるのは間違いないでしょうから、口惜しい限りでござる。

と道三が涙を浮かべながら言った。「蝮《まむし》」と呼ばれた道三（89ページ参照）はやはり一流。信長のずば抜けた能力を見抜いたのだ。

敵を欺くにはまず味方から……

信長に嫁いだ道三の娘濃姫だったが、夫の様子が変なことに気が付く。毎夜毎夜自分が寝ている間にこっそり外出しては明け方に帰ってくる……何かあるに違いない。そこで濃姫は信長を問い詰めた。「貴方《あなた》が心を通わせている女がいるならはっきり言ってください。私は妬《ねた》みなどいたしません」。

すると信長は、「女などいない。浅からぬ縁で結ばれた夫婦の間でも、隠さねばならぬ秘事なのだ」と言い逃れようとしたが、濃姫は納得しない。そこで**信長は「絶対に口外してはならぬぞ」と念を押したうえで真実を打ち明けることにした。**

「実は、お前の父道三のところの家老とわしとは通じていて、その家老が道三を暗殺したら、子丑《ねうし》の刻（真夜中の零時から二時前後）に合図の狼煙《のろし》が上がることになっているのだ。しかし、まだ狼煙が上がらぬところを見ると、成功しておらぬのだろう」と言った。いきなりの爆弾発言に、濃姫も唖然《あぜん》とするしかなかった。

それ以後、信長は妻の濃姫に見張りをつけ、道三に連絡させないようにした。しかし、隙をついた濃姫が詳しい事情を告げた手紙を書いて届け、それを読んだ道三は怒って家老を斬罪にした。

しかし、これは**信長の計略**だった。美濃を奪いたい信長は、道三の勢力を弱めるため、わざと家老と通じているふりをして濃姫に密告させ、道三自らの手で家老を殺させたのだ。

このあと、道三は息子の義龍《よしたつ》によって殺された。この義龍は道三の実子ではないといわれていて、次の家督争いを巡って兄弟間で骨肉の争いが生じた。義龍は弟二人を殺害し、ついに父道三も殺した。亡くなる前日、死を覚悟した道三は、

「美濃国は織田上総介《かずさのすけ》信長に譲渡いたす」

という遺言状（美濃国譲り状）を信長に送っている。自らが大器と認めた信長に美濃を託したかったのだろう。義龍はこの五年後に急死し、その子龍興《たつおき》が跡を継いだが、信長に稲葉山《いなばやま》城を攻め取られ、美濃を追われた。道三の遺言状通りの結果になったのだ。**信長は手に入れた稲葉山城を「岐阜城」と名を改め、そこを居城として「天下布武」に乗り出した。**

「坊主は皆殺しにしろ!!」……信長の怒り、頂点に達する

「天下布武」を掲げる信長にとっての最大の敵は、戦国武将ではなかった。

比叡山延暦寺《ひえいざんえんりゃくじ》や大坂の石山本願寺、そして一向一揆《いっこういっき》衆、つまり宗教勢力だった。

信長はこうした敵に対して、徹底的な弾圧を加えた。

まず、信長と敵対していた浅井《あざい》・朝倉軍に味方した比叡山延暦寺を許すことができなかった。「わしは天下の乱を収め、王道が衰えているのを再興しようと思って粉骨砕身し、命も賭《か》けて日々戦っている。それを邪魔する勢力は今刈り取っておかねば天下に憂いを残すことになる」。

抵抗を続ける延暦寺に信長の怒りは頂点に達した……。

プッチーン!!　**信長の堪忍袋の緒が完全に切れた音が聞こえるようだ。**

「坊主たちはまじめに仏道修行などせず、僧としての掟《おきて》を破って肉食し、金銀の欲に溺《おぼ》れ、妾《めかけ》を持ち、勝手気ままな振舞いをしている。一人たりとも生かしておくな」

信長が比叡山延暦寺を滅ぼそうとしていると知った部下たちは、「桓武《かんむ》天皇が創建なさって以来、王城の鎮護をしてきたこのお寺を犯した者はありません。それを滅ぼすとどんな恐ろしい罰が下ることでしょう」と諫《いさ》めた。それに対して信長は、

「わしは我が国の国賊を除こうと言っているだけだ。汝《なんじ》らはなぜわしを止めようとするのだ」と答えた。坊主を国賊呼ばわりするとは、よほど恨みが溜《た》まっていたのだろう。

一五七一年九月十二日、信長は延暦寺を攻撃し、根本中堂をはじめ、二十一社すべてを焼き払った。**一山がことごとく灰燼《かいじん》に帰した。**そして僧徒・婦女・老少の区別なく、一人残らず首を打ち落とした。

信長史上最凶の「比叡山延暦寺焼き討ち事件」。積年の鬱憤《うっぷん》を晴らした信長は、滋賀郡（現・滋賀県大津市）を明智光秀に与え、光秀は坂本《さかもと》に居城を構えた。

天才信長の戦術が光る「長篠《ながしの》・設楽原《したらがはら》の戦い」

「今日の戦《いくさ》では、武田勝頼方の者どもを練雲雀《ねりひばり》のようにしてみせよう。徳川殿は諸事お構いなく、いっさい我らにお任せください」

「今日の戦」というのは、「織田・徳川連合軍vs.武田勝頼」の**「長篠《ながしの》の戦い（長篠・設楽原《したらがはら》の戦い）」**のことだ。この時、家康はすでに今川氏のもとでの人質時代を終え、独立して信長と「清洲同盟」を結んでいた。

「練雲雀」というのは、「(旧暦)六月頃の毛の抜け替わったばかりで、速く飛べない雲雀」のことで、信長は戦国最強と謳《うた》われた武田(騎馬)軍団を馬鹿にし、自らの餌食《えじき》にしてみせる、と自信満々に家康に語ったのだ。

その自信の根拠は**「鉄砲隊」**と**「馬防柵《ばぼうさく》」**にあった。信長は鉄砲三千挺《ちょう》(一説には千五百挺)を用意し、さらに騎馬隊の通過を防ぐために馬防柵を二重、三重に設置し、その後ろに鉄砲隊を配置して万全を期した。

準備万端の信長は、長篠城の西、設楽原に布陣した。信長は、勝頼の率いる武田軍をそこにおびき寄せ、一気に叩《たた》き潰《つぶ》す作戦だった。

一五七五年五月二十一日、**戦国時代の戦い方を変えたともいわれる「長篠の戦い(長篠・設楽原の戦い)」**が始まった。

勝頼は父信玄の三回忌法要を終え、一万五千もの兵を率いて出陣していた。信長の計略に気づきもしない勝頼は、信長方の挑発に乗ってどんどん前進した。敵味方両陣営の間が二十町(約二・二㎞)にまで近づいたところで戦いが始まった。

武田軍の一番手が押し寄せると、織田軍は馬防柵の内側に退いて鉄砲で撃ちまくり、退却させた。すかさず二番手が攻めてきたが、織田軍は敵がかかってきたら退き、敵が退いたら挑発して引きつけ、そこに鉄砲を撃ち込んだ。三番手、四番手、五番手も同様だ。

次第に武田軍は疲弊してきた。明け方から未《ひつじ》の刻（午後二時頃）まで**武田方の波状攻撃は実らず、信長の鉄砲隊の前に、いたずらに犠牲者を増やすばかりだった。**ついに武田軍は退却を開始した。

信長はその機を逃さず、「今こそかかれ!!」と追撃を命じた。撤退ルートが細く隘路《あいろ》だったために、逃げ遅れた武田兵は散々に討ち取られた。

種子島《たねがしま》へ鉄砲が伝来したのは、信長が十歳の時だ。信長は十六歳頃に早くも火縄銃の師匠・橋本一巴に射撃術を習い（教育パパのおかげだね）、二十歳頃に鉄砲隊を編成している。この戦において鉄砲隊を組織し、最強と謳われた武田軍一万五千をその餌食にしたのは必然だったといえる。

「来るなら来い!!」と謙信に無言の圧力をかける信長

一五七四年に**信長が謙信に贈った狩野永徳《かのうえいとく》作の「洛中洛外図屏風《らくちゅうらくがいずびょうぶ》」**という作品がある。これは室町幕府十三代将軍足利義輝《よしてる》が永徳に発注したもので、謙信に管領《かんれい》

（将軍に次ぐ職）に就任してもらうための上洛《じょうらく》を促す贈り物だった。ところが義輝が非業の死を遂げた結果、完成した絵は謙信に贈られることなく永徳のところに留《とど》まっていた。

義昭を奉じて上洛し、「洛中洛外図屏風」のことを知った信長は、当時同盟を結ぶ必要があった謙信にこの絵を贈った。絵には、御所や将軍邸はもちろんのこと、金閣寺《きんかくじ》、清水寺《きよみずでら》、東寺《とうじ》、祇園祭《ぎおんまつり》の山鉾《やまほこ》など、京の様々な景物や人々の様子が描きこまれていた。その中の**「輿《こし》に乗って御所へ向かっている人物」**こそ**謙信**だった。

しかしこの時、すでに室町幕府は信長によって倒されていた。絵の中の謙信が向かうべき先にいた将軍はもういない。今、その座にいるのは信長だ。

この絵を贈った信長の意図としては、謙信に対してのご機嫌取り、という意味と、「京へ来るなら来い。今、京を支配しているのはこのオレだ」という挑戦状とも取れる。さあ、どうする謙信。

「信長vs.謙信」、両雄の戦いは謙信の死で幻に……

一方の謙信だが、長年戦ってきた永遠のライバル武田信玄はすでに一五七三年に没し、十五代将軍足利義昭は信長によって京から追放され、室町幕府は実質的に滅んだ。「信長包囲網」のかなめだった浅井・朝倉氏も、信玄の跡を継いだ勝頼も信長に敗れた。

「義」を守り、領土拡大よりも関東管領としての職務を全うしてきた謙信だったが、やりたい放題の信長に対して、ついに牙《きば》をむくことにした。謙信は使いを安土《あづち》城に派遣し、「来年（一五七八年）三月十五日に越後を出発する予定だ」と伝えさせた……**どこまでも律儀な謙信。**すると信長から返事があった。

「委細承った。最近諸国を手に入れたうえは、もはや他に望みはない。安土にご出馬になるなら、信長は髪を削って無刀でお迎えして、一礼を申し、そのうえ関東三十三か国を進上いたす」

おっと、予想を裏切る信長の謙虚な姿勢。謙信はこれを使者から聞いて「なんと信長は抜群の将であろう」と感歎《かんたん》したが、ともかく信長を痛い目にあわせるために都へ向かうことを決めた。だが残念なことにその準備の途中で謙信は死んでしまった。酒の飲み過ぎが原因だという（43ページ参照）。

最初の「是非に及ばず」発言はどこで？

信長が「本能寺の変《ほんのうじ》」で発した有名な台詞《せりふ》、**「是非に及ばず（＝考えるまでもない）」を初めて発したのは、実は一五七〇年四月の朝倉軍との戦いの時**だった。

長年敵対していた朝倉義景を亡ぼすため、信長は越前《えちぜん》西部の要衝に位置する金ケ崎《かねがさき》城に総攻撃を加えて降伏させた。ところが、そこへ義弟の浅井長政が信長を裏切って朝倉氏に加勢し、織田軍を背後から襲おうとしているという知らせが入る。

信長は信じられなかった。長政には妹のお市《いち》の方（超美人）を嫁がせていたし（三人も子供を作ったし）、何かの間違いだろう。しかし、それは間違いではなかった。

そこで信長が発したセリフこそ「是非に及ばず」だった。**考えている場合じゃない!!　躊躇《ちゅうちょ》せず、すぐさま撤退だ。**信長はわずかな兵を引き連れて京へ撤収した。

それから十二年後の一五八二年六月二日、明け方。

明智光秀率いる一万を超える軍勢が本能寺を包囲し、鬨《とき》の声を上げながら四方から乱入してきた。信長が、「さては謀反か、いかなる者の仕業か」と問うと、小姓の森蘭丸が「明智光秀の軍勢と見受けられます」と答えた。

この時も信長は「是非に及ばず」と言った。信長はやはり信じられなかった……といっても思い当たるフシがないことはない（94ページ参照）。ともかく選択の余地はない。戦うしかない。だが多勢に無勢。百人余に過ぎない信長の小姓衆たちは次々に討死していった。

覚悟を決めた信長は、寺の奥深くへ入って内側から戸を閉めて切腹した。燃え盛る紅蓮《ぐれん》の炎の中、信長の最期を見た者はいない。**四十九歳で信長の人生は閉じた。**

なお、光秀は信長を討ち取った証拠として遺体を必死に捜したが、遺体どころか遺骨すら見つからなかった。信長、最後の意地だろう。

柴《しば》田《た》勝《かつ》家《いえ》

（生年未詳～1583）

猪突猛進の武将!!　壮絶な切腹で散る

オレにぶつかった
やつは斬る!!
死ぬ気で
いけー!!
茶の湯は軟弱で
大嫌いじゃ
不調法者なので…
そんな勝家も
お市の方を深く
愛し、共に自害
共に死のう

「もはや城の水はわずかしか残っていない。兵士の渇死は疑いない。それならばまだ力の残っているうちに、死ぬ気で戦おうではないか」

一五七〇年六月、六角義賢《ろっかくよしかた》が近江《おうみ》（現・滋賀県）の長光寺《ちょうこうじ》に立て籠《こ》もる勝家を激しく攻め立てた。勝家もよく防戦したが、義賢は寺内への給水路を断ち切ってしまった。

寺中では水が枯渇し、もはや打って出るしかなくなった。勝家は部下を集めて最後の酒宴を催し、「残る水はどれぐらいか」と尋ねると、二石（約三百六十リットル）入りの水瓶《みずがめ》が三つ残っているだけだった。

「長き間の渇きをこれで癒《いや》せ」と言って人々に汲《く》み呑《の》ませると、**勝家はまだ水の残っている瓶を惜しげもなく薙刀《なぎなた》で突いて割ってしまった。**わざと水瓶を突き割って背水の陣であることを示し、死中に活を得る作戦だった。

次の日の早朝、門を開いて柴田軍は打って出た。その必死の勢いに押されて敵は後退したので、勝家は追撃して首八百余級《きゅう》を取って勝利した。これ以後、世人は勝家のことを**「瓶《かめ》割り柴田」**と呼ぶようになったという。

ぶつかった相手を「無礼者!!」と言って斬り捨てた!?

勝家は土豪階層の出身であるといわれ、信長の父織田信秀の時代から家臣として仕えていた。信長の家督継承に関しては、「うつけ者（愚か者）」の信長よりも、まともな弟の信勝《のぶかつ》（信行《のぶゆき》）のほうに肩入れして**信長の排除を試み、千人を率いて信長と戦うが、敗れて降伏した。**

この時、信長・信勝の生母土田《どた》御前のたっての願いで信勝とともに勝家も赦免された。それ以後、勝家は信長の実力を認めて従うようになり、逆に信勝を見限った。信勝が再び信長に謀反の計画を企《たくら》んだ時、勝家は信長に密告した。それを聞いた信長は、仮病を装って信勝を見舞いにおびき出し、殺害した。

勝家は「鬼柴田」とも呼ばれ、『フロイス日本史』に「信長の時代の日本でもっとも勇猛な武将であり果敢な人」と書かれているように、**信長の家臣の中でも随一の猛将**として知られていた。

ある時、信長が勝家に先陣の大将を命じたが勝家はそれを固辞した。信長が怒ったので仕方なく引き受けたが、その帰り、城下でたまたま信長の直属の部下とすれ違いざまに体がぶつかった。勝家は「無礼者!!」と言ってその場で斬り捨ててしまった。いきなりすぎて相手がかわいそうすぎる……。

信長はこのことを聞いて非常に怒ったが、勝家は謹んで申し上げた。「だからこそ、ご辞退申し上げたのです。**先陣の大将たる者は、それなりの権威がなければ下知することはできませぬ。私では無理です（私は気が短いのですよ）**。いかがでしょうか」。それを聞いた信長は返す言葉もなかった。

しかし、信長が足利義昭を奉じて上洛《じょうらく》する際の戦いで勝家は重用され、先陣を任されるなど数々の武功を挙げ、信長の天下統一事業に貢献した。

猛将は、やわな茶の湯など大嫌い!?

一五七〇年九月、浅井・朝倉軍が攻め上り、近いうちに京都に侵攻するとの報が伝わってきたので、信長はすぐさま出陣しようとした。

勝家はそれを諫《いさ》めて言った。「近ごろ京では、信長様は討死したとの噂が立っております。まずご無事なお姿を京の人々にお見せになり、そのあと坂本へご出発になったほうがよかろうと存じます」と。

信長は、「汝《なんじ》は不調法者よ。戦場に赴く者は一刻も早く敵を逃さぬよう立ち向かって行くのが常道。京中を経巡《へめぐ》ってから向かうなど、もってのほか。汝は老いぼれてしまったのか」と言い捨てた。

これを聞いた勝家も負けていない。**「この勝家、腐っても戦場でもうろくしたような不調法はいたしませぬ。**ただし、四畳半敷の数寄屋に入って茶など飲むときは不調法いたしますが（笑）」と言い捨てて帰ってしまった。これは茶の湯に興じる信長に対する強烈な当てつけであった。

このあと、信長は勝家の諫言《かんげん》など聞かず、すぐさま出陣した。勝家は京に残り、信長の無事を触れ回って人々を安心させた。この喧嘩《けんか》、引き分けというところか。

「鬼柴田」も謙信の前に大敗北!!

「鬼柴田」は信長の下で活躍を続けた。中でも約百年間も越前を支配していた一向一揆《いっき》を平定した功績によって、勝家は信長から越前国北ノ庄《きたのしょう》（現・福井県福井市）を与えられた。そこに立派な天守を備えた北ノ庄城を築城した**勝家は名実ともに織田家の筆頭家老となった。**

ただ、上杉謙信との戦いでは味噌《みそ》をつけた。

一五七七年、謙信が加賀国《かがのくに》（現・石川県小松市《こまつ》）にまで進出してきた時、作戦の違いから勝家と秀吉が衝突し、秀吉は勝手に戦線を離脱してしまった。そのせいで勝家は七尾城《ななお》（現・石川県七尾市）の救援に間に合わず、七尾城は陥落してしまった。

一方の上杉軍は七尾城を陥落させるや織田軍の接近を知り、その勢いのまま手取《てどり》川（現・石川県白山市《はくさん》）付近まで進んで待ち伏せした。折しも雨が降り、勝家は接近していた上杉軍に気付くのが遅れた。

やがて雨が止み、上杉軍の存在に気が付いた勝家だったが、時すでに遅し。上杉軍に急襲されたうえに、増水した手取川を渡って退却するはめに陥り、川でおぼれる者が続出した。完敗だ。この「手取川の戦い」を詠んだ落首が残されている。

上杉に　逢《あ》ふては織田も　名取川　はねる謙信　逃ぐるとぶ長

訳 上杉軍と名取川（手取川）で戦えば、さすがの織田も、跳ねるがごとく勢いづいた謙信の軍勢を前に、飛ぶように逃げるしかなかった。

「名取川」というのは「手取川」のこと、「とぶ長」は信長のこと。勢いよく追撃する上杉勢の様子を「はねる」、飛ぶように逃げる信長（勝家）勢の様子を「とぶ」と表現している。これで能登は謙信の支配下となったが、謙信は京を目指す準備をしている最中に倒れて帰らぬ人となった（43ページ参照）。

悲運!! 勝家とお市の方、共に自決す

一五八二年六月二日、「本能寺の変」で信長が横死した。それを知った勝家は信長の敵《かたき》を討とうとしたが秀吉の軍に先を越され、「山崎《やまざき》の戦い」で明智光秀を討たれてしまった。

変後の「清洲《きよす》会議」では主役の座を秀吉に奪われ、**勝家と秀吉の立場は完全に逆転してしまった。**清洲会議終了後、「秀吉vs.勝家」の権力抗争が始まる。もはや戦わずして決着をつける道はなかった。「不倶戴天《ふぐたいてん》」の敵と言えるだろう。

一五八三年の**「賤《しず》ヶ岳《たけ》の戦い」で秀吉に敗れた勝家は、妻お市の方と共に自害して果てた。**享年六十二などといわれるが、正確な年齢は不明だ。

居城（北ノ庄城）が落城する前夜、降伏せず切腹する覚悟を決めた勝家は、お市

の方に逃げるよう勧めたが、お市の方はこれを拒んだ。お市の方は再婚で、最初の夫浅井長政を同じような状況下で死なせてしまった辛《つら》い過去があった。二人目の夫まで見捨てて命を長らえることはできない。ここが死に時……。**お市の方の覚悟が固いと知った勝家は、一族郎党を集めて酒宴を催し、今生の別れを告げた。**そして、お市の方を一刺しで殺したあと、「わしの腹の切り様を見て後学になされよ」と声高く言うと、正式な切腹の作法である「十字切り」で切腹した。殉死する者八十余人。城には火が放たれ、勝家一類は全滅した。辞世の句は、

夏の夜の　夢路はかなき　跡の名を　雲井にあげよ　山郭公《やまほととぎす》

訳 夏の夜の夢のようにはかなきわが人生だった。私の名を遥《はる》か空高く（後世まで）運んでくれ、山ホトトギスよ。

ホトトギスは別名「死出《しで》の田長《たおさ》」と呼ばれ、冥途《めいど》にあるという「死出の山」を越えて来る鳥として、辞世の句に詠まれることが多い。お市の方の辞世もホトトギスを題材に詠んだものだった。合掌。

明《あけ》智《ち》光《みつ》秀《ひで》（1528?～1582）

史上最大の謀反人!!　その心のうちは誰にもわからない

心知らぬ　人は何とも　言はば謂《い》へ　身をも惜しまじ　名をも惜しまじ

訳 私の思いを知らない人は、何とでも言いたければ言えばいい。私は命も、名声も惜しみはしない。

この歌は、明智光秀が織田信長を討つため、本能寺へ向かう際に残したものといわれている。おそらく後世の偽作だが、歴史上最大の下剋上《げこくじょう》ともいわれる**「本能寺の変」の動機は謎中の謎**。誰も光秀の心を知りようがない。わざと後世に謎を残して、泉下で光秀がひとりほくそ笑んでいるのではないかと思われるくらいだ。

ところでこの歌で思い出されるのが、維新の志士坂本龍馬《さかもとりょうま》の歌だ。

世の人は　我を何とも　言わば言え　我が成す事は　我のみぞ知る

おそらく龍馬は光秀の歌を知り、それを下敷きにこの歌を詠んだのだろうが、龍馬が光秀に惹《ひ》かれたというのがなんとも面白い。

閑話休題。この辞世の句とも呼べる歌で、光秀は「身命も名声も惜しまない」と偉そうなことを言っているが、実は「本能寺の変」での兵力差は百倍!!

信長勢がわずか百人余の護衛の者（小姓衆）だったのに対して、光秀は一万三千もの完全武装の大軍を率いて襲ったのだから必勝態勢。どう見ても「身（命）」は惜しんでいる。また「卑怯者《ひきょうもの》」のそしりは免れないのだから「名」も怪しい。光秀はそれを分かっていて、自己弁護でこの歌を詠んだのではないかと疑いたくなる。

ともあれ、『名将言行録』で光秀の生涯を追っていこう。

主君を殺され、苦難の浪人生活スタート

光秀が仕えていた斎藤道三は、「戦国の三大梟雄《きょうゆう》（極悪人）」の一人と言われた人物だった。道三は一介の油売り商人から成りあがって下剋上を成し遂げたが、主君を殺して国を乗っ取るというやり方があまりに非道で、「蝮《まむし》」と恐れられた。

息子の義龍は道三の実の息子ではないと言われる人物で、それゆえ親子関係はもつれた。結局、息子の義龍によって道三は殺された。因果応報だ。

この時、光秀は居城の明智城を義龍に攻め落とされ、主君を失って一族も離散し**浪人の身となった。**

あるとき光秀は川で大黒様《だいこく》を拾った。「これはきっと福の神だ」といって大そう喜び、家に持って帰って朝夕敬拝していた。それを聞いたある人が、「大黒様は千人の司（支配）であるから、よくよく信心せられよ」と言ったのを聞いた光秀は、

「大黒様はたった千人の司であったのか。武士たるものが出世を願って信心する神ではない」と言って捨ててしまった。

光秀は浪人の身ではあっても、志が低かったわけではない。目指すは「天下人」、最低でも一国一城の主だったのだから、大黒様程度では物足りない。

しかし現実は厳しい。道三のもとを去ってからの**光秀は、妻子を抱えて貧乏のどん底の生活**を送っていた。それでも光秀は、諸学を学び、武術の腕も磨くなど、将来のための努力を惜しまなかった。特に医学の知識はプロ級で、医者として生計を立てていたともいわれている。

また**鉄砲の名手**でもあり、一尺（約三十㎝）四方の的を二十五間（約四十五・五m）の距離から命中させた。しかも半分以上の弾を真ん中に当てたという。当時の火縄銃の低い性能を考えると、驚異的な腕前といえる。ちなみに五輪に採用されて

いる五十mライフルの標的は直径約十五㎝。今の世に光秀が生まれていたら、間違いなくオリンピック選手候補だろう。

しかし、過ぎたるは及ばざるがごとし。「文武両道、頭脳明晰《めいせき》」が過ぎて、中国地方の大大名・毛利元就に仕官を求めた際に、面接した元就は**「才知明敏、勇気あまりあり。しかし相貌《そうぼう》、狼が眠るに似たり」**（『太閤記《たいこうき》』）と恐れて断っている。

数年に及ぶ光秀の流浪の旅は、朝倉義景《よしかげ》に仕えたことで終わりを告げた。それまでに諸国を巡って兵学修業というかスパイ活動をして集めた情報を、義景を前につぶさに語った。

「国ぶりをはじめ、家々の法式から、国を治め、地をひらいた次第、諸家の家老、武功の兵士等の名までを物語った上に、書き留めていた日記を進呈した」

とある。**007も真っ青な諜報《ちょうほう》員ぶり**だ。しかし、義景の下で十年ほど仕えたが、光秀はあまり出世できず、やはり貧しかった。

糟糠《そうこう》の妻に出世を誓う光秀だが……

昔から「糟糠《そうこう》の妻は大切にせよ」というが、**光秀の妻熙子《ひろこ》はまさに糟糠の妻だった。**

光秀が毎日のご飯も満足に食べられないほど貧乏だった頃、友人同士輪番で連歌会を催し（光秀は連歌好きだった）、酒宴を行うことにした。

いよいよ光秀の番が回ってきたが、お金がない。どうしようと困ったが、ともかく妻に知らせると、妻は「かしこまりました」と承知した。

友人たちが光秀宅に集まって連歌会を行い、そのあと酒宴が始まると、どこの会席にも劣らない酒と肴《さかな》が出た。友人たちが帰ってから光秀が訳を尋ねると、妻は、

「髪を切って売り、それで酒肴《しゅこう》を調《ととの》えました」

と答えた。自宅での連歌会において友人たちに最高のもてなしができたことで、光秀は面目を保てた。光秀は、女の命の黒髪まで切って宴《うたげ》の酒肴を用意してくれた妻

に向かって、**「愛する妻よ、五十日のうちにお前を輿《こし》（身分が高い人が乗る乗り物）に必ず乗せて見せる」**と誓った。

さすがに五十日では無理だったが、光秀は朝倉義景、足利義昭、そして織田信長と主君を替えるごとに出世し、ついに信長の重臣に加えられた。やったぞ熙子!!

光秀と熙子の夫婦仲は非常に良く、光秀は終生側室を持たなかった。疱瘡《ほうそう》が元で顔に痕《あと》が残っていた妻だが、そんなことなど気にせず光秀は妻を心から愛した。

しかし、その愛する妻は光秀が信長の下で戦いに明け暮れる最中、病に倒れ、帰らぬ人となった。光秀が重病に陥ったのを看病して疲れたのが原因といわれている（これまた泣ける）。愛妻家の光秀の嘆きはさぞや大きかっただろう。

「本能寺の変」の直前、不安に駆られて神頼み⁉

足利義昭を奉じて上洛《じょうらく》し、将軍の座に就けることに成功した信長だったが、それと同時に「信長包囲網」が形成された。三好《みよし》、浅井、朝倉、石山本願寺、武田（しまいには義昭も加わる）という「信長包囲網」との激戦を制していくためには、光秀の説く計略が必要だった。

待ってました！　とばかりに**光秀のそれまでの情報収集と知略が生きる。**信長の質問にすらすらと答える光秀。信長はそれを採用して次々に敵を倒していった。

この頃の光秀は信長にかわいがられると同時に、ひどい扱いも受けている。

真実のほどは定かではないが、いくつか挙げると、
- **領地を取り上げられたうえにまだ敵の土地だった所を与えられた……ひどい。**
- **人質にされていた母親と乳母《めのと》が信長のせいで殺された……ひどい、ひどすぎる。**
- **命令に背く光秀に怒った信長が、髪をつかんで引き倒した……人前でやらないで。**
- **家康を饗応《きようおう》した光秀は「おもてなしが下手だ」と殴られた……意味不明。**
そんなこんなが重なって、光秀は精神を病んでいったともいわれる。

光秀は信長を討つ決心を固めた。しかし、いざ主君を討つとなると光秀は自信がなくなり、不安に襲われた。そこで光秀は神にすがるつもりで勝軍地蔵を祀《まつ》る愛宕《あたご》神社（京都市右京区《うきよう》）に参拝し、おみくじを引いた。

出たのは**「凶」**……「生死は七、八分まで死すべし」。

もう一回引いた。**「凶」**……「生死は八、九分まで死すべし」。

も、もう一回引いた。**「大吉」**。「やったー!!」（しかし、「生死は死すべし」と記されていた）。

その翌日、光秀は連歌の会を催した。その時光秀が詠んだ発句は深い意味を持つ。

ときは今　天《あめ》が下《した》知る　五月哉《かな》

「とき（は今）」は、「まさに今」という意味と、源氏《げんじ》の流れをくむ「土岐《とき》氏」の一族である光秀自身との掛詞。「天が下知る」の「知る」には「治める」意があり、ここで光秀は堂々と「まさに今、光秀が天下を治める時が来たのだ」と宣言した。

仏の嘘は「方便」、でも武士の嘘は「武略」!?

一五八二年五月、備中高松城《びっちゅうたかまつ》（現・岡山県岡山市）で毛利勢と交戦中の秀吉に援軍を出すよう、光秀は信長から命じられる。これはチャンスだ。光秀は、軍を率いて備中に向かうと**「嘘」**をついて、その実、途中で京へ向きを変えて信長を討つ。

光秀は言った。「仏の嘘を『方便』と言い、武士の嘘をば『武略』という」と。

京の常宿、本能寺に泊まっている信長の手勢はせいぜい百人程度。光秀の軍勢は一万を超える……これなら勝てる、光秀はそう思った。

光秀は、兵たちはもちろん重臣たちにも**「嘘（武略）」**をついて丹波《たんば》亀山《かめやま》城（京都府亀岡《かめおか》市）から出陣し、しばらく西へ進軍したあと、突然重臣たちに対して謀反のことを告げた。そして反転して京に入り、本能寺を取り囲んだ時、光秀は叫んだ。

「敵は本能寺にあり!!」

ついに光秀が、ひた隠しにしていた狼の牙《きば》を剝《む》く時がきた。これだけ用意周到だった光秀に対して、信長は光秀をつゆ疑うこともなかった。

兵力差百倍以上。勝負は半日でついた。覚悟を決めた信長は、敵に最期の姿を見せてはならぬと、寺の奥深くへ入って内側から戸を閉めて切腹した。

秀吉からの挑戦状を持参した使者に、なぜか「おもてなし」!?

備中高松城を水攻めにしていた秀吉（105ページ参照）は、信長の死を知って大ショックを受けた。しかし、気持ちを切り替えて信長の敵《かたき》を討つことを決めた。そこでわずか二日で毛利方と講和を締結し、京都に向けて約二万の全軍を出発させた。俗にいう**「中国大返し《ちゅうごくおおがえし》」**だ。備中高松城から山城《やましろ》山崎（現・京都府乙訓《おとくに》郡大山崎町《おおやまざきちょう》）までの約二百三十㎞を十日もかからない超ハイスピードで移動した。

一方の光秀は、頼みとしていた細川氏、筒井《つつい》氏などに協力を要請するが、断られた。やはり「嘘」を「武略」と詭弁《きべん》するようでは人望がない。がっくしだ。

そこへ秀吉からの使いの者として施薬院全宗《せやくいんぜんそう》が訪ねてきた。全宗は秀吉からの伝言ですと言って、「主人の敵であるから、直接の太刀打ちで勝負を決しようではないか」という言葉を伝えると、すぐに辞去しようとした。

その時だ、光秀が、

「待たれよ。盃《さかずき》を取らせる」

と言って盃を取りかわしたうえに、「物騒な時だから用心のために」と全宗に鎗《やり》一本を贈った。光秀はすでに謀反が失敗したと気付いていたのだろう。秀吉が敵を討つことを伝えに来た使者と盃を取り交わしたり、槍を贈ったりしているのは諦念《ていねん》ともとれる。

光秀は辞世の漢詩を残している。

順逆《じゅんぎゃく》二門《にもん》に無し
大道《だいどう》心源《しんげん》に徹す五十五年の夢
覚め来れば一元に帰す

訳 討つか討たれるか順も逆（正も邪）もない。信長も我も等しき武門なのだから。

大道（人の守るべき正しい道）が心の底まで深く突き通して分かった。
生きてきた五十五年はまるで夢のようだ。
それが覚めた今、私は物事の根源に帰っていく（黄泉《よみ》へと赴く）。

京への入り口、山崎において対陣した秀吉軍と光秀軍は、六月十三日に激突した。この時、**「決戦地」の代名詞となる「天王山」は奪い合いになったが、占拠に成功したのは秀吉軍だった。**

数の上でも地形的にも優位に立つ秀吉軍が優勢になり、光秀軍は総崩れ。一万五千だった軍勢は夕方にはわずか七百にまで減っていた。

光秀は夜陰に紛れて居城の坂本城を目指して逃走していたが、途中、落ち武者狩りにあってあえない最期を遂げた。

本能寺の変からわずか十一日間の極めて短い天下、いわゆる**「三日天下」**に終わった。光秀の首は翌日には秀吉のもとに届けられ、京都の本能寺、次いで粟田口《あわたぐち》で晒《さら》された。

ただ、光秀が名を「天海《てんかい》」と変えて家康に仕えたという説がある。もしそれが本当なら、光秀こと天海は家康の下で存分に働き、百歳を超えるまで生きて天寿を全うしたことになる。

豊《とよ》臣《とみ》秀《ひで》吉《よし》（1537～1598）

裸一貫から天下人へ!!
二代で滅んだ豊臣は「夢のまた夢」

一代にして天下人に成り上がった秀吉
へっへっへ
当然成金趣味だよ
大判小判がざっくざっく
黄金の茶室もつくったよ!!
酒池肉林も思いのまま
跡継ぎだけが問題じゃ!!

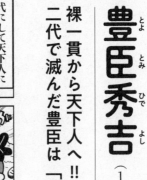

「こんど北条氏を誅伐《ちゅうばつ》するために、私は船を小田原に赴かせます。難なくお通し下さい。竜宮殿　太閤《たいこう》拝」

秀吉は筆まめだった。右筆《ゆうひつ》（代筆をする文官）に書かせた書状は、今残っているものだけでも何千通とあるが、直筆書状も数多く残されている。無学だった秀吉の書状には誤字脱字が多く、平仮名も多い（「天下」を「てんか」、「太閤」を「大かう」と書いたりしている）が、それもご愛敬。

一五九〇年「小田原征伐」に向かった秀吉が船を使って軍勢を派遣しようとしたところ、「馬具を載せると竜宮の祟《たた》りで船が沈んでしまいます」と船頭から言われた。そこで**秀吉は、自筆の手紙を書いて「これを竜宮に届ければ難はないはず」と言って船頭に渡した。**

出航するとにわかに風雨雷電が激しくなり、嵐の模様になってきた。そこで船頭が秀吉から頂いた手紙を海に投げ入れた。その手紙の文面が冒頭に記したものだ。秀吉のストレートな願いが竜宮様に聞き届けられたのだろうか、たちどころに風雨は静まり、船は無事に小田原に着いたという。

小田原の北条氏を平らげた秀吉は鎌倉を巡見し、源頼朝の木像を見た。秀吉は像に向かって、「小さき身で天下を平らげ、四海を掌《てのひら》に入れたのは、御身とわしだけだ。御身は皇統に近い血筋の人物がゆえに、挙兵と同時に関東は御身に従属して天下統一に手間取らなかった。だが、わしはもともと卑賤《ひせん》の身なのに天下を取った。ということは、わしの功のほうが御身より百倍も上なのだ。まあ、そうは言っても、御身とわしとは天下の友達だ」と言って、**頼朝像の背をポンポンと親しげに叩《たた》いた。**

ホップ、ステップ、ジャンプで出世街道まっしぐら!!

豊臣秀吉は一五三七年、尾張国中村《なかむら》の木下弥《きのしたや》右衛《え》門《もん》の子として生まれた。弥右衛門の出自は不明だが、下層階級だったのは間違いない。秀吉の幼名は「日吉丸《ひよしまる》」。のち「藤吉郎《とうきちろう》」と称した。幼いころからわがまま放題で、**お寺に預けられたが、あまりの乱暴ぶりに呆《あき》れられて家に戻されてしまった。**

家が貧乏だったので藤吉郎は働きに出されたが、どこも数か月と持たず帰ってきた。しかし養父（実父の死後、母親は再婚した）との仲が悪く、母から実父の遺産銭一貫文（現在の貨幣価値に直すと約三十万円）をもらうと郷里を後にした。

そこから先の藤吉郎（以下、秀吉）の知恵者ぶりと活躍はすごい。

まず、助走。旅の途中で出会った今川義元の家臣の石高をズバリ言い当てて驚かせ、家来となった。ただ、そこは早々に追い出されてしまう。

最初のホップ。織田信長の草履取り（下足番）として仕えることになった秀吉は、寒い夜に身体で温めておいた草履を出して信長に感心され、草履頭になった。しかし秀吉の真の目的は武士になることだった。そこで商才を発揮してお金を貯め、ついに百人の従者を抱える身分となり、信長から「やるな、猿め‼」と褒められて武士の仲間入りを果たした。

次に、ステップ。信長の住む清洲城（現・愛知県清須市《きよす》）の石垣が崩れた時、二十日かかっても終わらない工事にイライラする信長。それを見たまだ下っ端だった秀吉が、「私なら三日で終わらせてみせます」と大見得を切った。秀吉は普請している工事人を十隊に分けて競わせ、早く工事が終わった部隊に褒美を与えるという作戦を使ってわずか二日で工事を終わらせ、信長を感心させた。どんどん出世する秀吉。

いよいよジャンプ。美濃の斎藤勢との戦いに苦戦する中、たった一夜で墨俣《すのまた》（現・岐阜県大垣《おおがき》市）に城を築き、それをきっかけにして織田軍は勝利した。この「墨俣一夜城」はあくまで伝説の域を出ないが、秀吉はさらに出世した。

そして仕上げは朝倉氏との戦いにおける後詰《ごづめ》（殿《しんがり》）役だった。

一五七〇年四月、朝倉征伐のため信長自らが軍勢を率いて越前へと遠征し、次々と勝利を重ねていった。ところが、突如義弟の浅井長政に裏切られた。前に朝倉、後ろに浅井……優位から一転、挟撃される形になった信長は慌てて撤退を開始した。

この時、信長が「誰なりとも一人残って敵を押さえよ」と言ったが、誰も返事をする者がいない。そのとき秀吉が進み出て「この度は大事な殿《しんがり》です。私めに仰せつけになって下さい」と言った。

秀吉は金ケ崎《かねがさき》城（福井県敦賀《つるが》市）に籠《こ》もって迫り来る朝倉勢と戦った。「討死するのは今だぞ」と叫ぶ秀吉を見て、朝倉勢は退却した。**「金ケ崎の退き口《の》」と称されるこの戦い。**信長の絶体絶命のピンチを救ったことで秀吉の株が爆上がりしたのだった。

「三木の干《ひ》殺し」「鳥取の飢《かつ》え殺し」……残酷な城攻め!!

信長が「天下布武」を掲げて天下取りに向かっていた頃、中国地方のほぼ全域を支配していたのは毛利《もうり》元就《もとなり》だった。その**毛利家の征伐を命じられた秀吉**は、播磨《はりま》国

（現・兵庫県三木市《みき》）、但馬国《たじま》（現・兵庫県北部）へと出陣する。

秀吉は城攻めを得意とした。中でも有名なのが「秀吉の三大城攻め」と呼ばれる、「三木の干《ひ》殺し」「鳥取の飢《かつ》え殺し」「備中高松城の水攻め」だ。

・**「三木の干殺し」**……播磨の三木城を完全包囲し、兵糧の補給路を断った。三木城内に籠もっていた七千五百人のうち千人以上が餓死した。城主別所長治《べっしょながはる》は自らの切腹と引き換えに士・領民の助命を願い出て、一年十か月に及ぶ籠城《ろうじょう》戦は幕を閉じた。

・**「鳥取の飢え殺し」**……「三木の干殺し」をはるかに上回る惨劇。まず周辺の米を高値で買い占めた上で鳥取城を包囲。城内の兵糧は瞬く間に枯渇し、人肉を食べたという記録が残っているほどのおぞましい飢餓地獄となった。城主吉川経家《きっかわつねいえ》は自決することを条件に、城兵・村民の助命を申し出て降伏した。

・**「備中高松城の水攻め」**……難攻不落の備中高松城の攻略のために、黒田《くろだ》官兵衛《かんべえ》（孝高《よしたか》）の「水攻め」の策を採用。城を取り囲むような大きな堤防を築いて城を水浸しにし、湖に浮かぶ島のようにさせた。

こうして着々と中国攻めをしている最中、信長が本能寺の変で横死したことを知った秀吉は、すぐさま毛利輝元と和解して「中国大返し」と呼ばれる韋駄天《いだてん》の走りで京へと戻った。そして「山崎の戦い」で明智光秀を討って信長の敵《かたき》を取り、さらに信長の宿老であり、最大のライバルである柴田勝家を「賤ケ岳の戦い」で破って信長の後継者として随一の地位を固めた。

「人たらし」秀吉の面目躍如!!

一五八五年、秀吉は朝廷から「関白」の宣下《せんげ》を受け、翌年「豊臣姓」を授けられた。「豊臣秀吉」の誕生だ。さらに太政大臣《だいじょう》にも就任し、豊臣政権がスタートした。信長が従五位から正二位になるのに十年、家康が従五位下から従一位になるのに三十七年かかっているのに対して、**秀吉は最初の叙爵からわずか八か月で従一位関白**となっている。超スピード出世だ。

しかし、その関白秀吉をもってしても言うことを聞かせられないのが家康だった。そこで、すでに嫁いでいた自分の妹（朝日姫《あさひひめ》）を無理やり離縁させて家康の正室（継室）とし、縁戚《えんせき》関係を結んだ。それでも家康は上洛《じょうらく》に応じない。うむむ……。

そこで秀吉は切り札を切った。最愛の母親（大政所《おおまんどころ》）を人質として岡崎城《おかざき》に送ったのだ。この秀吉の本気度にまいった家康は秀吉に挨拶《あいさつ》しに上洛することにした。謁見を数日後に控えたある日、**家康の宿所をわずかな家来だけを連れて秀吉が突然訪ねて来た。**秀吉の魂胆やいかに!?

まず一日目、秀吉は上京のかたじけなさを謝して家康に名刀を贈り、酒を酌み交わして帰った。二日目には、名物の茶壺《ちゃつぼ》を、さらに三日目は黄金三百枚を贈った。必殺プレゼント攻撃！　そしていよいよ四日目、秀吉は小袖《こそで》を贈って本音を語る。

「諸侯はうわべでは敬っているようだが、成り上がり者のわしに心から従っている者はいない。近く正式に対面する時に、是非そのあたりを汲《く》んでわしに対して慇懃《いんぎん》に挨拶していただきたい。そうすれば信長の子飼いの諸侯たちもわしを主人として認めるだろう」

さすが**「人たらし」と呼ばれただけある秀吉**だ。今や天下人となった秀吉が、わざわざ自分から出向いて金品を贈り、さらに頭を下げるとは……。家康は「心配ご無用！（笑）よろしいようにいたします」と快諾した。家康は秀吉の人間的な魅力に一本取られてしまった。秀吉は帰り際、三度も頭を下げた。

いよいよ本番を迎えた。家康が大坂城で秀吉に拝謁した際、二人は脚本通りに演技していく。それを見た諸大名は、「あの家康が、秀吉に対して本当の主君のように敬意を払ったぞ！　われらの考えは間違っていたようだ」と言い、**信長以来の侍大将たちも秀吉を主君のように仰ぎ、尊敬すること以前に十倍するにいたった**。秀吉はご満悦だ。

その後、秀吉は四国・九州を平定し、北条氏を破って関東や奥羽《おうう》を平定するに及んで、ついに天下統一を果たした。

実子が生まれると養子秀次は邪魔者扱い

秀吉は五十三歳の時、淀《よど》殿との間に「鶴松《つるまつ》」という男児をもうけたがわずか三歳で没した。跡継ぎに悩む秀吉は、姉の長男である「秀次《ひでつぐ》」を養嗣子《ようしし》とし、関白の職を譲って家督を相続させ、自らは「元関白＝太閤《たいこう》」となった。ここに「太閤秀吉」が誕生した。

ところが五十七歳になった秀吉は、淀殿との間に再び男児（のちの秀頼《ひでより》）をもうけた。実子（かどうか本当はアヤシイ）が生まれた今、秀次はもはや邪魔者だ。秀吉は露骨に秀次を疎んじていき、追い詰められた秀次は、野蛮な行動に走った。

・試し斬りをしたくて辻《つじ》斬りを行った。
・鉄砲の稽古《けいこ》と称して農民を撃ち殺した。
・妊婦の腹を切って胎児を引きずり出した。
・女人禁制の比叡《ひえい》山で遊宴を行い、殺生が禁じられているにもかかわらず狩猟をした。

このような非道な行為を見た当時の人々は、秀次のことを**「殺生関白《せっしょうかんぱく》」**（**「摂政」と「殺生」の掛詞**）と皮肉を込めて呼んだ。

これらの所業に怒った秀吉は、謀反の罪（実は濡《ぬ》れ衣《ぎぬ》）で秀次を強制的に出家させ、その後切腹させた。秀次の辞世は、

磯かげの　松のあらしや　友ちどり　いきてなくねの　すみにしの浦

訳 海辺の陰にいて松のこずえを揺らすような強い嵐にあったが、群れ集まる千

鳥たちが生き生きと鳴く澄んだ声を聞くと心が穏やかになる。

享年二十八。ある意味悲劇の人生だ。

しかも秀吉は秀次の首だけでは納得しなかった。**秀次の首を三条河原《さんじょうがわら》で晒《さら》すと、妻、妾《めかけ》、その幼子たちまでをことごとく処刑した。**さらに縁故の人物を殺し尽くしたうえに、秀次の住んでいた聚楽第《じゅらくてい》や近江八幡山《おうみはちまんやま》城まで破却し、その存在そのものを消し去ってしまった。どれだけ秀頼を溺愛《できあい》したのか、それとも淀殿の命令だったのか……。いずれにせよ豊臣の血を引く数少ない成人男性を自ら葬り去ったのは秀吉本人だ。

「醍醐《だいご》の花見」のあと、秀吉見事に散る

一五九二年四月、秀吉は安芸の厳島神社に詣《もう》でた。そして願掛けの占いとして百枚の銭を投げるとすべて表が出た。「明《みん》に勝つ」というお告げの結果に皆は非常に喜んだ。しかし、タネは簡単。前もって二枚の銭の裏を糊《のり》で貼りあわせておいたのだ。

天下を統一した秀吉の次の目標は「東アジア征服」だった。そこで明国を征服する足掛かりとして朝鮮出兵を断行したが、さすがにこれは無理があった。トリックまで仕掛けた占いの甲斐《かい》も空しく、二度の朝鮮出兵は多くの犠牲者を出し、苦戦を強いられる中、最後は秀吉の病死によって撤退せざるを得なくなった。

秀吉も死ぬ直前に、「この七年間、朝鮮と戦をし、明と戦い、両国に恨みを買うような結果となったことは、わしの生涯の過失であった」と後悔の言葉を残している。

秀吉の死の五か月前、一五九八年の春に**「醍醐《だいご》の花見」**が行われた。「景気づけに花見をするぞ」という秀吉の号令で、七百本の桜を畿内《きない》から集めて京都の醍醐寺《だいごじ》に移植し、盛大な宴《うたげ》を開いた。さすが派手好きな秀吉、レベルが違う。

招待したのは、正室 北政所《きたのまんどころ》を筆頭に淀君などの側室と諸大名の配下の女房衆約千三百人。醍醐の山々に茶屋を設け、大勢の女房衆が仮装行列を行った。ちなみに男性は秀吉と秀頼以外は前田利家一人のみのハーレム状態だ。

諸大名と配下の武士は大坂城や伏見《ふしみ》城から醍醐寺までの警固に従事したが、上下を問わず衣服やその他の物を新調したので、畿内経済は大いに潤ったという。

秀吉は最期の花火をドーンと打ち上げて、見事に散った。一五九八年八月十八日、秀吉は伏見城で亡くなった。享年六十二。

露と落ち　露と消えにし　わが身かな　浪速《なにわ》のことも　夢のまた夢

訳 露のようにこの世に生まれ落ち、露のように消えてしまった我が身であることよ。大坂で過ごした栄華の日々は、夢の中の夢のように儚《はかな》いものだった。

この辞世の句はあまりに有名だが、実は『名将言行録』には載っていない。しかし、秀吉の生涯を凝縮した歌としてはこれほど優れたものはない。

裸一貫から天下人に成り上がって位人臣を極め、明《みん》（中国）すらもわが手に収めようとした秀吉の人生は、まさに「夢のまた夢」。しかし、豊臣家はわずか二代で絶えてしまうのだから、本当に「露と消えた」といえるだろう。

黒《くろ》田《だ》官《かん》兵《べ》衛《え》（1546〜1604）

根っからの「軍師」、予言の的中率は100%!!

予言的中率100%
軍師黒田官兵衛
まずは信長がくるね!!
信長天下統一〜
天下統一新聞
的中!!
次は秀吉!!
秀吉天下統一ー!!
的中!!
最後は家康で決まりだね!!
パチ
家康天下統一ー!!
的中!!
本当はボクが天下を取るつもりだったんだけどなぁ…
ザー
ザー

官兵衛は言った。「今、太閤殿下が天下を治めておられるようなやり方では、二代は続かぬであろう。ついには家康の天下になるだろう」と。

黒田官兵衛は「小寺政職《こでらまさもと》→織田信長→豊臣秀吉→豊臣秀頼→徳川家康」と主君を替えて仕えた。この中では秀吉に仕えた期間が一番長く、三十代後半から五十代前半までの働き盛りの時でもあった。

官兵衛の得意とするのは軍事戦略・調略・交渉などだった。官兵衛は戦場での武功を問われた時、「すべて人には得手不得手というものがある。**拙者は若いころから、槍《やり》や太刀を取っての一騎打ちは不得手なのだ。しかし采配《さいはい》を振って一度に敵を千も二千も討ち取ることは得手だ**」と答えている。

軍師として非常に優秀だった官兵衛は、主君の器や長所短所を見るのに長《た》けていた。秀吉を評して、「太閤殿下は卑賤《ひせん》の身から成り上がっただけに苦労されていて、居丈高では人が親しんでくれないというので、身軽な様で諸大名の邸《やしき》に行き、あるいは町家などへも行かれる。みずから踊り、茶を点《た》てたりして下々の者に対しても親しみやすくなさる。寒暑に応じて部下たちに言葉をかけ、料理を饗《きょう》して金銀宝物を与えられる」と、**秀吉の「人たらし」ぶりを詳細に述べて褒めている。**

しかし、「今、太閤殿下《たいこう》が天下を治めておられるようなやり方では、二代は続かぬであろう」と手厳しいことも言っている。その理由は、「子息の代になって秀吉と同じやり方をすれば威厳がなく人々は軽んじるだろう。かといって、偉そうにすれば反感を買う。そうなれば、部下が背いて世の乱れることは必定」というものだ。

一方、家康は器が大きいだけでなく、老獪《ろうかい》さも併せ持っている。また口不調法な人だからこそ人の真実な志を汲《く》み取る力がある……と家康をベタ褒めし、「ついには家康の天下になるだろう」と予言した。のちにこの予言は見事に的中しているのだから、軍師官兵衛の洞察力、恐るべし。

信長の天下取りを見事に「予言」

一五四六年、官兵衛は黒田職隆《もとたか》の嫡男として播磨国の姫路に生まれた。幼名は「万吉」。本名は黒田孝高《よしたか》で、「官兵衛」は通称、「如水《じょすい》」は剃髪《ていはつ》後の号だ。播磨地方に勢力を持つ戦国大名の小寺氏に仕えた黒田氏は、姫路城代に任じられていた。

主君の小寺政職が、ある日部下を集め、「今の天下の形勢を見ると織田・毛利・三好の三家が鼎《かなえ》の足のようになっている。誰に付けばよいか申してみよ」と尋ねた。

するとまだ若かった官兵衛が前に進み出て、「今後、天下の権力を握るのは、必ず織田でしょう！」と答えた。「その訳は？」と問われると、「三好は主君を殺した罪で天に滅ぼされるでしょう。毛利は一門に吉川・小早川の両翼があるとはいっても本家の輝元が国元にいて動かないのでは天下を取れないでしょう。それにひきかえ信長は、尾張から身を起こし、足利義昭を将軍にし、隣国を次々に手に入れました。遠からず天下の権力を握るのは信長で間違いありません」と理由を説明した。

これを聞いた皆が同意したので、政職はさっそく官兵衛を使いとして出し、信長に味方する旨を告げた。**信長は非常に喜び、官兵衛と語り合ったあと、「そのうち、わしが中国地方を征伐する時には、必ずそなたを先鋒《せんぽう》にしよう」と約束した。**この後、官兵衛は信長の家臣になった。

この帰り、官兵衛は木下藤吉郎（のちの豊臣秀吉）と運命の出会いを果たした。互いに心を通じ合い、助け合うことを約束した二人は、兄弟の契りを結んだ。

「信長死す」はチャンス⁉

「天下布武」を掲げて天下統一に走る信長から毛利家の征伐を命じられた秀吉は、

まず備前《びぜん》（現・岡山県南東部）を平定し、次に備中（現・岡山県西部）へと侵攻するが、難攻不落の備中高松城の攻略には手こずった。

その時、秀吉の軍師となっていた**官兵衛が「水攻め」の策を秀吉に進言する。**秀吉はその策を採り入れ、城を取り囲むような大きな堤防を築いて水を引いて流し込み、城ごと水没させてしまおうというのだ。なかなか大胆な作戦だ。

秀吉は現地の農民らに高額な報酬を与えて土嚢《どのう》を運ばせ、全長約四㎞にも及ぶ巨大な堤防をわずか十二日で築いてしまった。折しも梅雨で増水していた川を堰《せ》き止めて水を引くと、高松城は本丸を除いてことごとく水没してしまった。

城主清水宗治《しみずむねはる》は籠城《ろうじょう》を決め込んでいたが、この状況では兵糧を外部から補給することは不可能。といって打って出ることもかなわない。一方の秀吉も、かけつけた毛利の援軍を前に単独では対処できず、両軍が睨《にら》みあう膠着《こうちゃく》状態に入った。

そこに**「本能寺の変にて、信長死す」という信じがたい報が届いた。**

ショックからなかなか立ち直れないでいる秀吉に近づいた官兵衛は、秀吉の膝《ひざ》を軽く手で打ち、にっこり笑いながら**「ご運が開けてきましたぞ。これはチャンスです。うまくおやりなされ」**とささやいた。信長の死をチャンスと考える官兵衛、腹黒いヤツだ。

この言葉で我に返った秀吉は、毛利方と早々に講和を結び、「秀吉の中国大返し」と呼ばれる韋駄天《いだてん》の走りをして大急ぎで京へと引き返し、その勢いのまま「山崎の戦い」で光秀を討ち取った。

「茶の湯は大嫌い」から突然「大好き」に!?

秀吉の時代、茶の湯が盛んだった。天下を取った秀吉は、権力と富の象徴として「黄金の茶室」を作るという成金趣味を発揮した(組み立て式で移動可能なので、あちこちで自慢し、御所にも運び込んだ)。

官兵衛はこれを嫌って、「茶の湯は勇士の好むべきものではない。そもそも主客が無刀で狭い席に集まって座るなど、きわめて無用心だ」と度々進言した。

ある時秀吉から「茶をご馳走《ちそう》するから参れ」という主命が下った。官兵衛は辞するわけにいかず、しぶしぶ出仕して点茶の席に入った。

ところが秀吉はお茶を点てずに合戦の密談をしたのち、「こういう密談が茶の湯の一徳なのだ。普通の日にそなたを招いて密談をすれば人々は疑い、禍を招くことになる。ここならばいつもの茶の湯ということで人は疑わぬのだ」と語った。

官兵衛は目からウロコ。大いに感服してこれより茶の湯を好んだ。

「蛇」秀吉に睨《にら》まれた「蛙」官兵衛は出家

天下を取ったあと、秀吉がある日ふざけて近臣に向かって、「わしが死んだら誰がわしに代わって天下を保ったら良いと思うか、忌憚《きたん》なく申してみよ」と言った。人々の口から出た名前は、五大老（徳川家康・前田利家・毛利輝元・宇喜多秀家《うきたひでいえ》・小早川隆景）ばかりだった。

すると秀吉は頭《かぶり》を振って、「いや、それは違う。**一人だけ天下を得る者がある。あの足わろき者（※官兵衛のこと）だ**」と言った。

※官兵衛は一五七八年の「有岡城《ありおか》の戦い」において敵方に捕まって投獄され、一年半もの長きに亘《わた》って劣悪な環境の土牢《つちろう》に押し込められていたため病気を患い、頭部に瘡《かさ》ができ、左脚に障害が残って歩行がやや不自由になった。

さらに続けた。「わしの在世中であっても、あの男がもし望めば、すぐに天下を得るであろう。今の世に恐ろしいのは徳川と黒田だ。しかし徳川は温和な人である。黒田は心を許しがたい人間だ」と。

秀吉は、官兵衛が信長の死をチャンスだと自分にささやいた時から、官兵衛への見方を変え、心を許さず警戒していたのだ。

これを伝え聞いた官兵衛は、「南無《なむ》三宝《さんぼう》、これはわが家の禍の基だ。わしは秀吉に狙われることになる。そうと知っては子孫のために将来の計を立てねばならぬ」と言って**髪を剃《そ》り出家して「如水」と号し、家督を嫡男の長政《ながまさ》に譲り、秀吉に叛意《はんい》のないことを示した。**

この「如水」の意味は、「戦で獲得した功績や武勲、権力、領地などすべては水泡が消え去るように去って行く、すなわち流れる水の如し」という意味と、『老子』の「上善如水（上善は水の如し）」から引用されたという二説がある。

いずれにせよ、世俗的な名利を捨て、他と争わない穏やかで澄んだ境地という意を込めたのだろう。

しかし、その後**如水は高山右近《たかやまうこん》や蒲生氏郷《がもううじさと》らの勧めでキリスト教徒になった。**洗礼名は「シメオン」。ところが秀吉がバテレン追放令を発し、さらに朝鮮出兵の時、戦略の違いで秀吉を説得するために無断帰国したことを秀吉から厳しく咎《とが》められたので、官兵衛は表面上キリスト教を棄教したが、領地における保護は続けた。

家康の世に自分は不用……静かに隠居を決意

秀吉が病気で亡くなり（好色だったので「梅毒説」が最有力）、前田利家が亡くなると五大老筆頭となった家康の独壇場となってきた。それに対抗したのは五奉行の一人石田《いしだ》三成《みつなり》だが、**如水の三成評は辛口だ。**

「口先が上手《うま》いだけで人徳がなく、とうてい家康の敵ではない」……その読み通り、関ヶ原の戦いであっという間に勝敗は決し、家康の世になった。

東軍に味方して戦った官兵衛の嫡男長政は、戦後の論功行賞で豊前《ぶぜん》国中津《なかつ》十二万石から筑前《ちくぜん》国名島《なじま》（福岡）五十二万石へと大幅加増移封された。

家康は、如水にも勲功恩賞や領地加増を提示するが、如水は「身に余る光栄ですが年も取り、また病身で精力も衰えております。愚息長政に筑前国（現・福岡県北西部）を下し賜りましたうえは、養ってもらいまして、安楽に余生を送りたいと思います」と言って固辞した。

家康はこれを聞いて深く感歎《かんたん》し、「今の世に生きながら、古《いにしえ》の道を行っているのは如水ただ一人である」と称《たた》えた。

「本当は天下を取れた」……密かな如水の野望

しかし、**本当のところ、如水のプライドは天より高かった。**

年来の友人である山名豊国《やまなとよくに》が如水のもとを訪ねてきた時、「家康がしきりに貴殿の身辺を探っているのは、貴殿を恐れてのことだと噂されているぞ」と言うのを聞くや否や、如水は扇を抜いて畳を打ちながら、**「家康を攻め滅ぼし天下を取ろうと思えば、それはいともたやすいことだ」**と叫ぶように言った。豊国は老人の「大言壮語」だと思って苦笑いしながら聞き流し、返す言葉もなく帰った。

しかし、この「大言壮語」には理由があった。如水は息子の長政に、「家康公がもし関ヶ原で打ち負けていれば、わしは九州を平らげ、その勢いのまま中国を攻めて上方《かみがた》に上り、天下を統一しようと思っていた」と天下取りの構想があったことを打ち明けている。

隠居後の如水は質素に暮らし、歌を詠んだり、連歌をしたりしてのんびりと月日を送った。一六〇四年三月二十日の辰《たつ》の刻（朝八時頃）、京都伏見藩邸（現・京都市伏見区）で死去した。**実はこの日に亡くなる、と如水自らが予言していた通り**にな

った。これまた的中だ。享年五十九。辞世の句は、

思ひおく　言の葉なくて　つひにゆく　道は迷はじ　なるにまかせて

訳この世に未練を残すような言葉は何もなくて（思い残すことは何もなくて）、誰もが最後に行く死出の道に迷うまい、なすがまま静かに旅立とう。

まさに「水の如し」の辞世だ。

如水は遺言として二つのことを命じ、実行された。一つは死骸《しがい》を神父のところへ持ち運ぶこと。もう一つは家臣の殉死の禁止。実は**如水は家督を継いでから隠居するまでの間、一人の家臣も手討ちにしたり、死罪を命じたりしていない**。これはこの当時にあっては珍しいことであり、殉死の禁止も含めて如水の家臣を想う優しい人となりがわかるというものだ。

蒲《が》生《もう》氏《うじ》郷《さと》（1556～1595）

「勇猛かつ儀礼を知る理想の武士」を見事に体現

神童！
天才！
文武両道！
すべてを兼ね備えた男!!
蒲生氏郷!!!
秀吉より
会津73万石
ハァ…
実は天下を狙ってたんだよねぇ
危険なやつじゃ
※暗殺説はあくまでうわさ
天才はつらいよ～

限りあれば　吹かねど花は　散るものを　心短き　春の山風

訳 花の一生には限りがあるのだから、風など吹かなくてもいずれ散ってしまうものを。どうしてせわしなく風を吹かせて花を散らせてしまうのか、春の山風よ。

蒲生氏郷は四十歳の若さで亡くなっている。この辞世の句は、自らの命の短さを嘆いたものだが、**氏郷の死には病死説と暗殺説とがある。**

天下統一を目指す関白秀吉の「奥州仕置」に反抗して、東北で一揆《いっき》と反乱が起きた時、秀吉の養子秀次を総大将とし、家康、利家、政宗などが「奥州再仕置」として編成された。その豪華メンバーの中に氏郷も加わり、無事に奥州を平定した。石田三成が都に帰ってきて秀吉に言った。「このたびの氏郷の働きを見ますに天才軍師としか思えません。氏郷が殿下に対し二心を抱かなければ、これほど心強いことはありますまい」。

しかし、これを聞いた**秀吉は逆に氏郷を恐れてひそかに毒を盛った**という。

一方、それとは反対に、秀吉は大事な氏郷が発病したと聞いて優秀な医師団を編成して輪番治療を行わせたが、三年間患ったのちに亡くなったという話もある。

どちらが本当かはわからないが、蒲生氏郷という武将が非常に優秀だったことは事実だろう。

「梅檀《せんだん》は双葉より芳《かんば》し」……氏郷は神童だった

氏郷は一五五六年、近江国守護の六角義賢《ろっかくよしかた》の重臣蒲生賢秀《がもうかたひで》の三男として生まれた。鎌倉時代からの名門であったというが、真偽のほどは不明。一五六八年、六角氏が滅亡すると、賢秀は息子の氏郷（幼名は「鶴千代」）を人質として差し出して信長に臣従した。氏郷は時に十三歳だった。

信長は氏郷を見て、**「この子の瞳《ひとみ》はずいぶんと変わっておる。尋常の者ではあるまい。あっぱれなる若者よ」**と言い、自分の娘の婿にしたいと思ったという。

「梅檀《せんだん》は双葉より芳《かんば》し」……信長は一目で氏郷の才能を見抜き、自分の娘の婿にしたいと思った。元服の際には信長自らが烏帽子親《えぼしおや》（元服の際、烏帽子を被《かぶ》せる人物）となっている。

氏郷は十四歳にして初陣を飾ると、名のある武将の首を取って帰ってきた。信長は大いに喜び、褒賞を与えるとともに予定通り娘の一人と結婚させた。これより以後、大小の戦功を数えるにいとまがないくらいの活躍をした。

十七歳になった氏郷は、「柴田勝家にお付け下さい。勝家は武将中の武将でありますから、武士のありようを見習いたいと存じます」と望んでかなえられた。氏郷は父賢秀と共に勝家の与力となり、姉川《あねがわ》の戦いや伊勢《いせ》長島《ながしま》攻め、そして長篠の戦いなどに従軍して、武功を挙げた。

ところが、一五八二年六月、「本能寺の変」が起き、信長父子が明智光秀のために自刃に追い込まれた。氏郷は急いで軍勢を引き連れて逆徒誅伐《ちゅうばつ》に向かった。

光秀はこれを知り、使いを出して、「この光秀に荷担するならば、近江国の半分を与える」と言ってきたが、氏郷は無視した。結局光秀は秀吉に討たれたが、**秀吉は氏郷のこのふるまいに深く感じ入り、光秀から没収した土地を氏郷に与えた。**

清洲会議（85、141ページ参照）のあとは秀吉に従うようになり、賤ケ岳の戦いでは勝家を滅ぼす側に回っている。その後、氏郷は秀吉の片腕として九州平定や小田原征伐などで活躍するようになる。

人質としてスタートした苦労人氏郷だけに、誰に仕えるかの人選は冷静かつ客観的に行っている。世渡り上手といえるだろう。

氏郷の天才ぶりを恐れる秀吉

関白となった秀吉が約二十万もの兵を引き連れて小田原北条氏（※）を滅ぼしに遠征した「小田原征伐」の時、小田原城中から氏郷の陣に夜討ちをかけられた。急襲を受けた**氏郷だったが、一人槍《やり》を引っ提げて敵の背後に回り、後ろから突き倒した。**敵は城中に引き上げようとしても、氏郷が立ちはだかって戻れず、次々に堀に飛び込んだ。秀吉はこれを聞いて「古今稀《まれ》なる働きである」と褒め称《たた》えた。

※鎌倉幕府の執権をつとめた「北条氏」と区別するため、相模国小田原の地名から「小田原北条氏」「相模北条氏」、「後」を付して「後北条氏」、とも呼ばれる。戦国大名の北条早雲を祖とし、戦国時代に関東を広く支配した。

小田原征伐を終えた秀吉は諸将を集めて、「会津《あいづ》は関東の要地ゆえ、勝《すぐ》れた将を選んで鎮圧に当たらせねばならぬ。誰が良いか遠慮なく意見を申せ」と問うと、細川忠興《ただおき》が良いという者が十人のうち九人もあった。

秀吉はこれを聞いて、「汝《なんじ》らの愚も極まれり。わしが簡単に天下を手に入れられたのは当然のことだな（自慢）。会津の地に置くのは蒲生氏郷の他にはいない！」

と言って、氏郷に会津七十三万石を賜った。

その下知を受けた氏郷は、御前を退くと広場の柱に寄りかかり涙ぐんでいた。その様子を見たある武将が、『氏郷殿はありがたくて涙を流しているのだ』と思い、

「お気持ち、ごもっともなことでございます」と言うと、氏郷は小声で、

「そうではない。小身ではあっても都の近くにいれば、天下に号令する望みもある。しかし、どれほど大身の者でも、遠国にいてはもはや天下人への望みはかなわぬ。わしは捨てられた身になったかと思うと、不覚の涙がこぼれたのだ」

と言った。事実、秀吉は近臣に、「氏郷をこちらに置いておくと、恐ろしい奴なので、それで奥州に遣わすのだ」と本音を漏らしている。氏郷の野望は秀吉に見抜かれていた。

一揆の黒幕伊達政宗にキツーい皮肉を一発!!

「小田原征伐」の時、伊達政宗は参陣に大遅刻したため（216ページ参照）、戦後の論功行賞で大きく減封され、没収された会津には氏郷が派遣された。それを恨んだ（完全に逆恨みだ）政宗は、一揆を煽動《せんどう》してそのどさくさに紛れて氏郷を討とうとしたが、氏郷はこれを察知して守備を固めたので、政宗は手も足も出なかった。

やがて、**一揆の黒幕が政宗だという証拠の書状を氏郷が入手**し、そのうえ政宗が京に人質として差し出している妻が偽者だという噂も立つと、ピンチに立たされた政宗は慌てて上洛《じょうらく》し、必死に弁明して秀吉に許されるが、さらに減封された。

氏郷は政宗に向かって、**「どうであろうとも、拙者はいっこうにかまわぬ。ただ天下のためを専一にお考えなさるように」**と言い放った（秀吉様はお許しになったかもしれぬが、お前が真犯人だってわしは知ってるぞ!!）。

しかし、政宗はこのまま黙って引き下がる玉ではない。懲りずに氏郷の暗殺を謀る。代々家に仕えている者の子で清十郎という十六歳になる者に、密《ひそ》かに謀《はかりごと》を語り聞かせ、氏郷の親戚《しんせき》の小姓として奉公させた。氏郷が遊びに来た時を狙って刺殺せよという作戦だ。

しかし、政宗が清十郎の父に出した手紙からその謀が（また）バレてしまう。清十郎は捕らえられ、獄に入れられた。この顚末《てんまつ》を報告された秀吉は、将来のことを慮《おもんぱか》って、あえて政宗を罰せず、氏郷と和睦《わぼく》させた。

氏郷はその命に従い、清十郎を呼びだして、「自分の主君のために命を捨てて忠を尽くすということは賞するに余りあることだ。早く伊達家に帰れ」と言って帰らせた。のちに、細川忠興の家臣が、**「天下一気が短いのは忠興様、天下一気が長いのは氏郷様だ」**と書き残しているのも納得だ。

ニセモノは氏郷には通用しない!!

弁才学智があるとして世に知られた玉川左右馬《さうま》という人物を、ある人が氏郷に推薦してきた。氏郷は大いに喜んで十日ほど続けて彼を自宅に迎えて語り合ったが、その後どういうわけか金を与えて送り返してしまった。

推薦した者はたいへん失望し、家臣もこれを不思議に思い、氏郷に質問した。すると氏郷は、「世の智者と呼ばれる人は、見た目が重厚で、言葉も巧みに操り、器量学才があっても、人の目をたぶらかすものに過ぎないのだ。玉川は真の智者ではなく、世にいうところの智者にすぎぬ」。その理由を氏郷は、

「初め大いにわしを褒め、次に諸将をそしり、最後に自分の良いところを並べ立て、わしの機嫌を取ろうとした。近くに置いておくべき人物ではない」

と説明した。要するに「あいつはニセモノだ」と断じたのだ。

玉川はその後ある家に仕えたが、年月が経つとともに老臣を退け、忠直の者を妬《ねた》み、己の威を振るったのでついにその主家は衰え、主人も過ちを悔やんで玉川を追い出したという。「氏郷の明察、神の如し」と皆感服したという。

そんな氏郷の理想とする武士の姿とは、「勇猛かつ儀礼を知る士」だった。氏郷自身、武道を極めると同時に、儒仏両道を学び、和歌・連歌・能をよくした。**茶の湯は千利休《せんのりきゅう》に師事し、「利休七哲《しちてつ》（※）」の筆頭**に数えられており、利休からも「文武両道の人」と高く評されている。武士でありながら文化人、それが氏郷である。

※「利休七哲」……古くは「利休七人衆」と呼ばれ、千宗旦《そうたん》（利休の孫）が挙げた利休の高弟七

人（蒲生氏郷・前田利長《としなが》・細川忠興・古田《ふるた》重然《しげなり》（織部《おりべ》）・牧村利貞《まきむらとしさだ》・高山右近・芝山宗綱《しばやまむねつな》）だったが、後に前田利長が抹消され、瀬田《せた》正忠《まさただ》が替わりに追加された。

軍法の心得は和歌にあり⁉

雲はみな　払ひ果てたる　秋風を　松に残して　月を見るかな

訳 雲をすっかり払い去ってしまった秋風を、松に残るさわやかな音として聞きつつ、澄んだ月を見ることだ（秋風が雲をすっかり吹き飛ばしてくれたから、澄んだ月を見られることよ）。

氏郷は「この歌こそ軍法の心得である。大将たる者はよく味わえよ」と言って『新古今集』の中の藤原良経《よしつね》の歌を紹介している。**この歌のどこが「軍法の心得」なのか⁉** 家臣たちにとっては謎かけ以外の何物でもなかった。

実はこの歌について徳川家康も同じことを述べている。「武士が読書する目的は身を正しくせんがためであり、源義経《よしつね》が滅んだのは歌道に暗く、『雲はみな……』の歌の真の意味も知らずに平家退治ばかりしていたからだ」と。

？？？？？（家臣たちの気持ち）

では謎解きをしよう。

この歌に隠された本当の意味とは、「雲＝敵」「払ひ果てたる＝すっかり取り除く」「秋風＝有能な部下や優れた作戦など」「松に残して＝陰の努力や目に見えない忍耐」「月を見る＝勝って心地よい気分になる」。

つなげてみると、**「敵をすっかり取り除くには有能な部下や優れた作戦が必要だ。そして、陰で努力し、勝てる体制になるまで我慢した上で戦いを仕掛ければ、必ず勝って心地よい勝利の気分を味わえるのだ」**となる……む、難しすぎないか⁉

キリシタンとして亡くなった氏郷

秀吉は、独断で始めた「朝鮮出兵」が上手《うま》くいかないことを心配して諸将を集めて詮議《せんぎ》した。その席上、氏郷は「私を朝鮮に出兵させて下さるのなら、見事勝って領地としてご覧に入れましょう。なにとぞ私に仰せつけ下さい」と言った。

この自信満々な態度を見た秀吉は、自分が無能だと非難されているように感じて氏郷を忌み嫌うようになった。一時期の秀吉は、「百万の大軍の采配《さいはい》をさせたい武

将は蒲生氏郷だ」というくらい氏郷の能力を買っていたが、やがて、

「氏郷の兵十万と信長様の兵五千が戦えば、勝利するのは織田軍だ。蒲生方が織田兵四千九百の首を取っても、信長様は討ち取られていないが、織田方が蒲生方を五人も討ち取れば、その中に必ず氏郷の首が含まれている。大将が早く討ち取られた方が負けだ」

と語るようになった。こうした秀吉と氏郷との関係悪化のエピソードから、冒頭の「秀吉による氏郷暗殺説」が出てきたようだ。

氏郷が亡くなる時、「利休七哲」の中の一人で、氏郷の親友である高山右近が、ずっと付き添っていたという。

右近にキリスト教の入信を勧められた氏郷は、教えに感激し洗礼を受けた。洗礼名は「レオン」。氏郷は会津に転封すると領民にも改宗を勧め、教会も建てている。死に臨んだ時も真のキリシタンとして亡くなったといわれている。

氏郷は戦国武将としては珍しく側室を置かなかった。二人の男子及び孫達は氏郷同様に早世し、残念ながら蒲生家は断絶してしまった。

前《まえ》田《だ》利《とし》家《いえ》（1538〜1599）

加賀百万石の祖は子沢山の愛妻家

戦えば「槍の又左」と呼ばれて勇ましく
たぁっ！
家庭では愛妻家
二男九女の子沢山
まつ〜♡ 愛してるよ
私も♡
豊臣の重鎮として君臨したが
浪人時代はみんな冷たかったなー
おーい みんなー
若い頃は苦労したものよ
残念ながら病死
家康の天下になるであろう…
家康と刺し違えられなくて無念…

利家は右目の下を矢で射られたが、そのまま抜かずに戦って首級を挙げ、信長から「肝に毛の生えた奴だ」と褒められた。

前田利家は、一五三八年（他説あり）、荒子《あらこ》城主だった前田利春《としはる》の四男として尾張国海東《かいとう》郡荒子《あらこ》村（現・愛知県名古屋市中川区荒子町）で生まれた。幼名は「犬千代」。

堅実なイメージのある利家だが、**若い頃はけんかっ早く、身なりも当時「かぶき者」と呼ばれたド派手で異様な姿。**おまけに長槍《ながやり》を持って街を練り歩いていたので、街の人々は怖がって避けた。

「うつけ者」として有名な織田信長に仕え、美男子だったこともあって信長から寵《ちょう》愛《あい》を受け、「衆道（31ページ参照）」の関係だった（利家はこれを自慢して、周囲はこれをうらやましがったとか）。

賢くてハンサム、そのうえ胆力まで備わっていた利家は、四男ではあったが前田家の跡継ぎとして期待された。男子の平均身長が百五十五cm程度だった当時、利家は六尺（約百八十二cm）の長身だった。

利家の槍は当時の平均より一間以上長い三間半（約六・四m）もあり、**長槍の使**

い手として「槍の又左（又左衛門）」という異名で呼ばれた。

小姓（主君の身近に仕える雑用係で夜の相手もした）として信長に仕えた利家は、十四歳の時に初陣を飾り、右目の下を矢で射られたが、その矢が刺さったまま（！）敵と戦って首級ひとつ挙げるという手柄を立てた。信長から「肝に毛の生えた奴だ」と褒められた利家は、その後も功績を挙げ、その強さは多くの人に知られるところとなった。

前田家の家督は長兄の利久《としひさ》が継いでいたが、病弱で将の器ではなかったので、信長からの命で利家が兄に代わって家督を継ぐことになった。

利家とまつ、運命の出会い

利家にとって運命だったのは、**二十一歳の時、従兄弟《いとこ》で九歳下（まだ十二歳!!）の「まつ」と結婚したことだろう。**夫婦仲は円満で、まつは十三歳（満十一歳十一か月）で最初の子（長女）を産むと、**三十二歳までの二十年間で二男九女を産んだ。**

まつは容姿端麗で賢く、利家にとって最愛の妻であるとともに知恵袋でもあった。秀吉が足軽時代に近くに住んでいたこともあって、秀吉の正室高台院《こうだいいん》（ねね・おね）とも仲良しで、子どものいなかった秀吉夫妻に娘の豪姫を養女として授けている。

しかし、好事魔多し……信長から寵愛を受けていた利家は、**「笄斬り《こうがいぎ》」事件**を起こしてしまう。信長に仕える同朋衆《どうぼうしゅう》（雑務や芸能を行っていた人）の拾阿弥《じゅうあみ》を斬殺してしまったのだ。

拾阿弥は信長に対しておべんちゃらを使う輩《やから》だったので、正義感の強い利家は日ごろから嫌っていた。逆に拾阿弥も信長の寵愛を受けていい気になっている利家に嫉妬《しっと》していた。

信長と利家、そして拾阿弥の三人は恋愛の三角関係にあったのかもしれない。**「男色（衆道）」の嫉妬は男女間のそれよりも深い**、といわれる（31ページ参照）。そして「槍の又左」は短気で知られた。

ある日、拾阿弥が利家の愛用する刀の鞘《さや》から「笄《こうがい》（髪を撫《な》でつける櫛《くし》）」を盗んだ。それは愛妻のまつから贈られたものだったので、短気な利家はキレた。そして信長の目の前にも拘《かか》わらず、拾阿弥を斬り殺してしまった。信長は激怒し、利家は出仕停止（クビ！）処分となった。

浪人した利家を支えたのは、まつと真の友人だけ

浪人の身となった利家は、諸国を放浪することになった。失意のどん底に陥った利家だったが、**「家のことは大丈夫です。あなたの気のすむように生きてください」という、まつの励まし**もあって、ここから巻き返しを図る。

利家は信長への忠誠心を示すため、桶狭間の戦いに信長に無断で参戦し、敵将の首をとりまくった。さすが「槍の又左」。しかし信長からはまだ許しが出ない……。諦《あきら》めない男、利家は次の戦いにも勝手に出陣してここでも首級をあげる大活躍。ようやく信長から許しが下った。

再び織田家に仕えることになった利家は、若気の至りを反省し、物事に対して慎重に対処していく大人へと成長した。また、浪人してみて初めて人の心を知った。

- **・今まではすり寄って来ていたのに、百八十度態度を変える者。**
- **・表面的には変わらぬ付き合いをしてくれても、腹の底ではせせら笑っている者。**
- **・みじめな思いをしている利家に会いに来て優越感を覚える者。**

「落ちぶれた時、本心から自分を心配してくれる仲間は、二人か三人しかいなかった」と述懐している。

また、浪人時代お金に苦労した利家は、前田家の決済はすべて自分で行うことにし、倹約家として有名だった。何かといえば算盤《そろばん》でパチパチ計算して、なんと戦場にも算盤を持っていき、兵糧や兵士の数などを計算していたという。**愛用の算盤が家宝として残されている。**

上司と友達、どちらの味方に付くべきか⁉

帰参してからの利家の活躍は目覚ましいものだった。そしてついに信長から能登二十三万石の領有を任されるに至った。

しかし、再び利家に試練が訪れる。

「本能寺の変」で信長が横死したあと、織田家の後継者について話し合う「清洲会議」が行われると、**勝家と秀吉が真っ向から対立**してしまった。

勝家は、かつて利家が信長の怒りを買ったときに助命嘆願をしてくれた命の恩人であり上司に当たる人物。一方、秀吉は若いころから苦楽を共にしてきた親友。一体どちらに加勢すべきか、利家は迷い苦しんだ。

迷いに迷った結果、利家は勝家側に加勢することにしたが、「賤ケ岳の戦い」が始まると、**利家は秀吉軍を攻撃できず撤退し、勝家を裏切った形になってしまった。**これで形勢は一気に秀吉有利に傾き、勝家の軍勢は退却せざるをえなくなった。

その時、勝家は裏切られたにも拘わらず利家に対して、「利家殿は秀吉とは親密な間柄であるゆえ、自分のことは心配しないで結構」と泣ける言葉を贈っている。

結局、「賤ケ岳の戦い」は秀吉が勝利し、勝家は妻のお市の方と共に自害した(85ページ参照)。その後、利家は加賀・越前・能登の三国を支配し、**のちに「加賀百万石」と呼ばれる初代の大名**として北陸を治めるに至った。

家康と刺し違えることかなわず、無念の病死

天下　葵《あおい》よ　加賀様　梅よ　梅は葵の　たかに咲く

訳 天下は徳川様の「葵」のご紋よ。加賀の前田様は「剣梅鉢紋《けんうめばちもん》」よ。でも梅の花は葵よりも高いところに咲くよ。

これは加賀の前田家が徳川家の家来になってしまった悔しさを伝える歌だ。

利家は、豊臣政権下では「五大老」の一人として家康と並ぶ地位を得、まつとともに「醍醐《だいご》の花見（111ページ参照）」にも参加した。秀吉亡きあとも、秀頼の傅役《もり》として大坂城の実質的な主となった。

家康に対抗できる唯一の大名だった利家だが、病に倒れた。

家康が見舞いのために利家邸を訪問した時、**利家は家康を暗殺するために布団の下に抜き身の刀を忍ばせていたが、果たせなかった。**

いよいよ臨終を迎える時、まつが死出の旅路用に経帷子《きょうかたびら》（※）を縫い、「あの世に旅立つ時はこの経帷子を着てください。仏様がお救い下さるでしょう」と言った。

※「経帷子」……死者に着せる、背にお経の書かれた白い着物。「死に装束」とも。

利家はにっこり笑って、「わしは乱世に生まれ、数多くの戦場で敵を殺してきた。しかし、理由もなく人を傷つけたり、殺したりしたことはない。だから何の罪で地獄に行くことがあろうか。もしわしが地獄に連れていかれそうになったら、先に死んであの世に行っている**家臣たちを従えて鬼どもと戦い、黄泉《よみ》の国で武威を振るってやるわ。**経帷子など不要だ」と言った。

さすが元かぶき者、「槍《やり》の又左」はあの世でも長槍を振り回していることだろう。

ほどなく利家は病没した。享年六十二。利家の死後、家康によって「加賀征伐」が検討されたが、まつが人質になることで回避され、嫡男利長は家康に帰順して関ケ原の戦いでは東軍として戦い、江戸幕府成立後に加賀百万石の礎を築いた。

第三章
関ケ原の戦いと大坂の陣
～最後に笑った家康～

徳《とく》川《がわ》家《いえ》康《やす》（1542～1616）

戦国の世を終わらせた天下人は実はドケチ

戦国時代人気ランキング（著者調べ）
1位 織田信長
2位 豊臣秀吉
3位 徳川家康
ワシって何で人気がないんだろう
ひょこっ
ズバリ!! ケチだからです!!
岡谷です
それだけー!?
ポンッ
さらにタヌキ親父だからです
まあ事実だから仕方ないか
ズコー
認めるんかい!

家康は言った。「平氏を亡ぼす者は平氏であり、鎌倉を亡ぼす者は鎌倉である。奢侈《しゃし》の弊害はこのようなものだから、戒めなければならない」と。

戦国の三英傑といわれる「織田信長・豊臣秀吉・徳川家康」の中で、家康の質素倹約ぶりは際立っている。戦国一のドケチといっても過言ではない。

信長は自ら欲望の魔王、「第六天魔王」と名乗り、「この世のすべての物は俺の物」とばかりに、手段を選ばず日本中から天下の名品の数々をかき集めた。

秀吉は成金の悪趣味ぶりを発揮して「移動式黄金茶室」を作り、御所で天皇や公《く》家《げ》たちに見せびらかした。

それに対して家康は徹底的に質素倹約で通した。

天下を取ってからも、黄金の団扇《うちわ》を献じられると人目に付かないように隠させ、便器に蒔絵《まきえ》をしたものが献上されると打ち砕いて捨てさせ、華美な小袖《こそで》を着ている近臣を見ると怒って閉門を申しつけるなどした。粗衣粗食で通す家康を見て「徳川殿はケチ親父よ」と陰口をたたく者もあった。

そんな家康なので、死に臨んだ時も「わしの廟所《びょうしょ》（墓所）は質素な造作にしておくように」と命じている。

第六天魔王信長は光秀に謀反を起こされ、豊臣家もたった二代で滅びた。それに対して家康の開いた江戸幕府は、十五代将軍慶喜《よしのぶ》まで二百六十五年もの長きにわたって続いた。それもこれも家康のドケチ精神の賜《たまもの》だったのかもしれない。

なお、家康を神格化した「東照大権現《とうしょうだいごんげん》」を主祭神として祀《まつ》る日光《にっこう》東照宮が、現在のように荘厳な社殿になったのは、一六三六年の家康二十一年神忌に向けて三代家光が大造替《だいぞうたい》を行って以降のものだ。尊敬してやまないおじいちゃん（家康）のためとは言え、ドケチの家康の望むところではなかった……。

三歳で実母と離れ離れ……家康の苦難スタート

家康は一五四二年十二月二十六日（ユリウス暦一五四三年一月三十一日）、寅《とら》の年、寅の刻に松平《まつだいら》家八代目の当主広忠《ひろただ》の嫡男《ちゃくなん》として三河（現・愛知県東部）の岡崎で生まれた。幼名は「竹千代」。

当時は戦国時代の真っただ中で、松平氏は、尾張《おわり》（現・愛知県西部）の織田氏と、駿河《するが》・遠江《とおとうみ》（現・静岡県）の今川氏に挟まれ、非常に弱い立場にあった。

母は隣国の豪族水野家の娘於大《おだい》。政略結婚だったがゆえに、水野家と松平家が敵対するに及んで於大は離縁されて実家に戻されてしまい、**家康はわずか三歳（満一歳十一か月）で実母と離れ離れになってしまった。**

さらに、「東海一の弓取り」と呼ばれた大大名の**今川義元のもとに人質として差し出された家康**は、十数年に及ぶ人質時代を送ることになる。しかし、この長き「臥薪嘗胆《がしんしょうたん》」の時代こそ、のちに天下人になる資質を育てる重要な期間でもあった。

「人の一生は重荷を負《お》ひて遠き道をゆくが如《ごと》し。急ぐべからず。不自由を常と思へば不足なし」

これは家康の御遺訓《ごいくん》とされている言葉だ。あとに続く言葉も、「心に望み起こらば困窮《こんきゅう》したる時を思ひ出《いだ》すべし。堪忍は無事長久《ぶじちょうきゅう》の基《もとい》、怒りは敵と思へ。勝事《かつこと》ばかり知りて負くる事を知らざれば、害其《その》身にいたる。おのれを責めて人を責むるな。及ばざるは過ぎたるより勝《まさ》れり」と、ひたすら**忍耐の精神**を説いている。

この御遺訓は後世の偽作で、元になったのは徳川光圀《みつくに》（水戸黄門）の「人のいましめ」という教訓だが、家康の人生をこれほどうまく集約した言葉はないだろう。

「厭離穢土《おんりえど》　欣求浄土《ごんぐじょうど》」の言葉に出会う

今川家での人質生活は家康にとっての黒歴史だったが、義元には目をかけられ、予想以上に自由な生活を送っている。「鷹狩《たかが》り」にもたびたび出かけ、それは一生を通じての趣味となり、健康法でもあった。

元服して「元信」、その後「元康」と名乗り、一五六〇年、信長との「桶狭間の戦い」の前に今川軍の先陣を任された。元康は、**「大高城《おおだかじょう》（現・愛知県名古屋市）」の兵糧入れに成功**するという大手柄を打ち立てた。しかし、義元が信長の乾坤一擲《けんこんいってき》の急襲に遭って討ち取られるという予想外の事態が起きた。

十九歳の元康は織田軍に追い詰められ、松平家のお墓の前で自害しようとしたが、登誉《とうよ》上人に止められ、「厭離穢土《おんりえど》　欣求浄土《ごんぐじょうど》」という言葉を授けられた。

上人は家康に言った。「戦国の世は、国土が欲望で穢《けが》れている。その穢土を厭《いと》い離れ、平和な極楽浄土に往生することを心から求め、それを成すことこそが、あなたの役目であろう」と。

命からがら自分の生まれた岡崎城に戻ってみると、陣取っていた今川勢が皆退散してしまっていた。これを見た元康は、**「捨て城ならば拾《ひろ》わん」**と言って岡崎入城に踏み切った。ここに元康の十数年間の長い人質生活は終わりを告げ、ついに今川家からの独立を果たした。

一度は死んだ気になった松平元康はその後「徳川家康」と改名し、「厭離穢土欣求浄土」の八文字の旗印を掲げ、「天下泰平」と記した軍配を振るうようになった。

「家康の三大危難」……どう乗り越える!?

家康の生涯において絶体絶命のピンチが三回あった。**「家康の三大危難」**と呼ばれるもので、最初の危難は**「三河一向一揆《いっき》」**だった。

一向宗は正式には浄土真宗《じょうどしんしゅう》のことだが、一向（ひたすら）に「南無阿弥陀仏《なむあみだぶつ》」と称《とな》え続けることから「一向宗」と呼ばれた。「進まば往生極楽、退かば無間地獄」、こう墨書《ぼくしょ》された筵旗《むしろばた》を掲げた一向宗の農民集団の一揆が各地で頻発していた。

家康が三河を統一しようとした時、なんと家臣の三分の一近くが一向宗であり、彼らから大きな抵抗を受けることになった。しかし、戦いが長期化するにつれ、家康に背いていた家臣たちが投降し始め、家康はその帰参を許した。

次の危難は、一五七二年の武田信玄との**「三方ヶ原の戦い」**だった。信玄に浜松城からおびき出された家康は、大敗を喫して敗走した。

絶体絶命の危機に陥った時、**夏目吉信**《なつめよしのぶ》（広次《ひろつぐ》）が、「我こそ家康なり。大将首欲しくばかかってこられよ!!」と身代わりを買って出て、追撃してくる敵と交戦して討死した。ちなみに、この吉信の子孫の一人が文豪**夏目漱石**《そうせき》だといわれている。

家康は命からがら（ビビッて脱糞《だっぷん》！）浜松城にたどり着き、窮地を脱した。

「家康の三大危難」の最後は、**「伊賀越え」**《いが》だ。江戸幕府正史の『徳川実紀《じっき》』では、この「伊賀越え」を家康の生涯で「艱難《かんなん》の第一」と記している。

一五八二年六月二日に起きた「本能寺の変」の報を受けた時、家康は堺《さかい》の町を観光中だった。信長のあとを追って自決しようとした家康だったが、家臣たちに説得され、三河に戻ることにした。しかし、戦闘力はゼロ、少数のお供しかいない。迫りくる明智勢から逃れて三河に帰るため、家康の一行は最短コースである「伊賀越え」を選んだ。堺を発《た》ってから四日間、全長二百㎞の強行軍だった。

一行は険しい伊賀（現・三重県西部）の山道を飲まず食わずで進んだ。途中、落ち武者狩りの農民に襲われるという危機もあったが、土地勘のある**服部半蔵**《はっとりはんぞう》（正《まさ》成《なり》）の道案内の下、なんとか三河の岡崎城まで無事に戻ることができた。

のちに関白秀吉から、「わしは天下の宝はほとんど集めた。さて、徳川殿の秘蔵の宝物はなんじゃ」と尋ねられた時、家康は、「これといって名のある物はございません。ただし、**私のことを大切に思って火の中水の中にも飛び込み、命を捨てて働いてくれる家来を五百騎ほど持っています。**この五百騎を召し連れますと、日本六十余州に恐ろしき敵はありません。この者どもを至極の宝物だと思って秘蔵しております」と答えた。これを聞いた秀吉はうらやましがったという。

戦う前に勝負あり!! 「関ケ原の戦い」

信長亡きあとは、秀吉の天下となっていく。

「小田原征伐」が終わり、天下取りに成功した秀吉は、力をつけてきた家康を自分から遠ざけるため、それまで領有していた土地を返上させ、関東の地を与えた。この時、家康は四十九歳。本拠地は関東平野の真ん中にある「江戸」にした。

太田道灌《おおたどうかん》がその昔建てたという江戸城は荒れ果てていてまさに狐狸《こり》の棲《す》み処《か》、とても住めたものではなかったが、文句ひとつ言わず修理して住んだ。そして**秀吉が朝鮮出兵と後継問題に時間を割いている間に、家康は突貫工事を進め、のちに「江《え》戸八百八町《どはっぴゃくやちょう》」といわれる繁栄の礎を築いた。**

秀吉が病気で亡くなり、最大のライバルだった前田利家も亡くなると、家康が勢力を拡大させ、それに危機感を抱いた石田三成らが立ち上がったが、家康の敵ではなかった。実は戦う前から勝負はついていた。

一六〇〇年六月、家康は会津（現・福島県）の上杉景勝に謀反の疑いあり、として討伐するために東北地方に向かった。しかし、東下した家康は、朝夕「鷹狩り」の準備ばかりして、戦の準備をしない。

本多忠勝《ただかつ》がこのことを諫《いさ》めると家康は、**「自分が上杉討伐にかかりっきりのフリをしていれば、三成は挙兵するはず」**という策略を打ち明けた。しかも家康は、戦いの数か月前から全国の大名たちに手紙を送り、味方になるよう餌をぶら下げて勧誘していた。

家康が送った書状は今残っているだけでも百八十通を超える。結果、毛利氏の武将吉川広家《きっかわひろいえ》や小早川秀秋《こばやかわひであき》が東軍（家康）側に寝返り、一六〇〇年九月十五日に起きた天下分け目の一戦「関ケ原の戦い」は一日であっけなく勝負がついた。

時に、三成は四十一歳、家康は五十九歳。「亀の甲より年の功」。老獪《ろうかい》さというか、タヌキ親父と化した家康の作戦勝ちといえるだろう。

家康流、花街で身を持ち崩す家臣を救う方法

一六〇三年に征夷大将軍《せいいたいしょうぐん》になり、江戸幕府を開いた家康は、わずか二年で将軍職を三男の秀忠に譲り、駿府に戻った。**「将軍職は徳川家が世襲していく」ことを天下に示す**ためだったが、実質的には大御所として駿府で「二元政治」を行っていた。

その駿府に、**遊女の住む「阿部《あべ》（安倍）川」という花街《かがい》**があった。家臣たちが遊女遊びにふけり職務を怠けるようになったので、重臣が「花街を離れたところに移動させましょうか」と家康に提案したところ「花街を遠いところに移動させたら遊女たちの生活が成り立たなくなるであろう」と言って反対した。

しかし、家臣たちはますます花街で酒と女色に溺《おぼ》れるようになり、中には借金で首が回らなくなる者すら出てきた。それを聞いた家康が**「わしも歳だが、その花街の遊女たちを見てみたい」**と言って、踊り子や囃子《はやし》、身分の低い遊女まで城中に呼んで三日三晩歌い踊るという酒宴を催した。

酒宴の最中、家康は目ぼしい遊女たちを召し上げ、その名を一人ずつ尋ねた。さらに帰りに土産まで持たせた。それを見た家臣たちは、「自分の遊んでいた遊女がいずれ家康公のお目に留まってご指名があるかもしれぬ。その時、遊女がどんなことを申し上げるかわからない」と恐れ、それ以来阿部川に通うことはなくなったという。やはりタヌキ親父のやり方は一味違う……。

豊臣家を滅ぼすタヌキ親父家康

気が付くと家康も七十歳を超えていた。気になるのは豊臣家のことだった。生きているうちにぶっ潰《つぶ》しておかねば死ぬに死ねない……。そこで家康は豊臣家に無理難題を押しつけて怒らせ、戦わざるを得ないように仕向けた。

目を付けたのは方広寺《ほうこうじ》大仏殿の梵鐘《ぼんしょう》（釣鐘）に刻まれた文字だった。秀吉ゆかりの方広寺を再建していた豊臣家に突然ストップを命じた。すでに工事は完了し、あとは大仏開眼供養を待つばかりという時だった。

方広寺の梵鐘に刻まれた銘文、「国家安康」は「家康」の二文字を分断するものであり、「君臣豊楽」は豊臣が栄えることを示している、「けしからん」と、いちゃもんを付けたのだ。これは家康の側近で「黒衣の宰相」の異名を取った僧侶《そうりょ》、金地《こんち》院崇伝《いんすうでん》（以心《いしん》崇伝）が悪知恵を絞って考えだしたものだった。

これに対して淀殿・秀頼母子は怒った。さらに、豊臣家の重臣で、家康との間をうまく取り持っていた石川数正《いしかわかずまさ》を陥れた。二重スパイと疑われた数正は豊臣家を去って家康のもとに下った。

そして使者である数正の放逐は幕府に対する反逆行為だ、というこれまた無茶な理屈で家康は豊臣家討伐の命を発した。

「鯛の天ぷら」に食あたり⁉

「大坂の陣」が始まってもタヌキ親父家康の謀略ぶりは冴《さ》えに冴えた。一度では落城させられないと見た**家康は和議を結び、堀を埋め尽くして大坂城を丸裸同然にしてから二度目の戦いで勝利**した。

ただ、豊臣方の武将真田幸村の決死の攻撃には、さすがの家康も自害を二度も覚悟した。しかし、幕府軍の必死の抵抗もあり、家康は無事退却した。

戦いが終わったあと、ある人が家康に向かってその知恵に感心すると、「これはわしの知恵ではない。太閤（秀吉）が教えて下さったものだ」と言った。

実は秀吉が大坂城を造り始めた頃、次のように家康に語っていた。

「大坂城を落とすには力業では無理だ。一旦《いったん》講和を結んで堀を埋め立ててから再び攻めれば落城するだろう」

難攻不落と呼ばれた大坂城が、秀吉の自慢話が仇《あだ》となって落城し、豊臣家が滅びることになるとはなんとも皮肉な話だ。

関ヶ原の戦いから十六年、大坂の陣に勝利して豊臣氏を亡ぼした家康も御年《おんとし》七十五歳。正室二人、側室十六人以上。子供も分かっているだけでも十一男五女の計十六人。最後の子が生まれたのは六十六歳の時だった。

自分で**「薬の調合」を行うほど健康オタクの家康**だったが、ある日上方で流行《はや》っている鯛《たい》の天ぷらを食べると、その夜から腹痛に苦しみ、回復しない日々が続いた。

それから約三か月後の一六一六年四月十七日、家康は駿府城において数え年七十五歳（満七十三歳三か月）で亡くなった。死因は「食中毒」……ではなく、おそらく「胃癌」と言われている。

石《いし》田《だ》三《みつ》成《なり》（1560～1600）

頭脳とプライドは超一流、でも人望と実績はなし

天下分け目の関ヶ原の戦い
東軍家康
VS
西軍三成
小早川秀秋裏切る!!
えへへ
なんでじゃ!!
西軍敗退
福島正則
加藤清正
お前の性格が悪いからだよ
フン!悪くてけっこう!!
ぐぬぬぬ……
柿食べる?
柿は体に悪いから食わん
フン
明日処刑なのに

「柿は体に悪い」

一六〇〇年九月十五日。天下分け目の一戦、「関ヶ原の戦い」が行われた。西軍の中心として戦った石田三成だが、家康率いる東軍に惨敗し、捕らえられて処刑されることになった。

処刑前日のこと。「最後に何かご所望は」と問われた三成は、「白湯《さゆ》が飲みたい」と答えた。「あいにく白湯はないのですが、柿はあります。いかがですか」と言われたのに対し、三成は「柿は体に悪い」と答えた。

これを聞いた徳川の武将たちは失笑し、「明日首を切られる人が言うことか、笑止千万」と言ったのに対し、三成は泰然として、**「たとえ明日までの命としても、大義を考えている者は、首を切られる瞬間まで命を惜しみ、何とかして本意を遂げようと思うものだ」**と言い返した。なかなか言えないセリフだ。かっこいいぞ、三成。

次の日、六条《ろくじょう》河原で露と消えた石田三成、享年四十一。辞世は、

筑摩江《つくまえ》や　葦間《あしま》に灯《とも》す　かがり火と　ともに消えゆく　わが身なりけり

訳 筑摩江に生えている葦の間から、琵琶湖《びわこ》の夜の漁のために灯されたかがり火が見える。そのかがり火が朝には消されるのと同じように処刑されて消えていく我が身なのだなあ。

五奉行として権勢を極めた三成の居城・佐和山城《さわやま》（現・滋賀県彦根市《ひこね》）も落城した。どれほど豪華なものだろうと期待して中に入ると、壁はひと塗りで薄く、内部も庭も粗末な様子であったので、皆びっくりした。

城中をくまなく調べたが、金銀なども少しもなかったという。三成は自分のためにお金を使うのではなく、家臣や領民たちのために使っていたのだ。エラいじゃないか三成!!

「三献茶《さんけんちゃ》」で秀吉に取り立てられた三成

有名な「三献茶《さんけんちゃ》」のエピソードがある。

豊臣秀吉が長浜《ながはま》城主だった当時、鷹《たか》狩《が》りを終えた帰り、咽喉《のど》が乾いたのである寺へ立ち寄って茶を所望した。

すると、お寺の小僧が大きな茶碗《ちゃわん》に茶をぬるく点《た》てて持ってきた。秀吉はそれを飲み、「うまい。いま一服」と言ったので小僧はまた茶を点《た》て出したが、今度は前より少し熱くして、量は半分にした。秀吉はそれを飲んで、またもう一服と言うと、次は小茶碗に熱く点てて持ってきた。

秀吉はそれを飲み、その機転に感じ入って、住職に乞《こ》うて家来とした。その小僧の名は佐吉《さきち》、当時十三歳。のちの石田三成だ。

このエピソードに限らず、三成は知恵者だった。ある時、大雨が降って洪水になり堤が決壊しそうな危機に瀕《ひん》した。三成は米倉を開かせ、そこから米俵を運ぶよう百姓たちに命じた。たちまち数千俵が運ばれて決壊しそうな場所に積み重ねられ、洪水を堰《せ》き止めることができた。

雨が晴れると三成は百姓たちに、「土嚢《どのう》を堤に持って行けば米俵と交換して良いぞ」と下知した。百姓たちは大喜び。土嚢を作って運び、積まれていた米俵と交換して新しく丈夫な堤を築いた。これを聞いた**秀吉は「無双の才覚」と褒めたたえた。**

三成が「三顧の礼」で迎えた家臣は誰？

三成を四万石の城持ちに出世させた秀吉が、「さぞや多くの家来を召し抱えたであろう」と尋ねると、三成は島左近《しまさこん》一人だけを召し抱えたと答えた。秀吉は「左近は世に知られた勇士だが、その方の小禄《しょうろく》では奉公はしないだろう」と言ったので、三成は、

「されば、禄を半分に分け、二万石を与えました」

とさらりと答えた。三成は左近を迎えるため「三顧の礼」を尽くし、さらに当時持っていた領地の石高の半分を与えたのだ。秀吉は「君臣の禄が同じなどということは、聞いたことがない。よくもやったものだ」と感心した。

しかし、左近も漢《おとこ》だ。三成が出世して石高が増えても、自分の俸禄を増やすことは辞退した。あくまで三成の意気に感じて家来となった左近だった。

関ヶ原の戦いの前夜、左近は家康の陣に夜襲を仕掛けることを提案したが、残念

ながら三成に受け入れられなかった。夜襲を仕掛けていれば勝敗はどちらに転んでいたか……。

左近は西軍が総崩れとなる中、猛然と黒田長政《くろだながまさ》隊へと突入したが鉄砲隊に銃撃されて負傷し、その後討ち取られた。その様子が江戸時代の説話集『常山紀談《じょうざんきだん》』において「誠に身の毛も立ちて汗の出るなり」と書かれている。

左近を討ち取った黒田隊の兵士達は、戦いから数年が過ぎても左近のすさまじい形相を夢に見てうなされたという。のちに人々から**「三成に過ぎたる（もったいない）ものが二つあり。島の左近と佐和山の城」**と謡われたのも納得の話だ。

「へいくゎい者」と呼ばれて嫌われた三成のプライド

三成は頭脳明晰《めいせき》の文治派だったので、武断派の福島正則《ふくしままさのり》や加藤清正《かとうきよまさ》らと相性が悪く対立した。**三成は「へいくゎい者（横柄な人）」と呼ばれ**、人を見下すような態度を取っていたため嫌われていた（頭が良すぎるのも問題だ……）。

武将としての実績がない三成は、関ケ原の戦いの時も味方の西軍の武将たちから信用されず、小早川秀秋らの裏切りに遭って負けた。その裏にはもちろん老獪《ろうかい》な徳川家康の切り崩し作戦もあったのだが。

「二心をもっていた奴たちが裏切ったので、勝つはずの合戦に負けてしまったのが口惜しい」

戦いに敗れて捕まり、家康の部下本多正純《ほんだまさずみ》に「恥さらしめ」とののしられた三成が返した言葉だ。これを聞いた正純が、「負けても自害せずに捕らえられたとは、いったいどうされましたのかな」と嫌味を言ってきたのに対し、三成は怒って、

「石橋山《いしばしやま》の合戦で大庭景親《おおばかげちか》に敗れた源頼朝が、朽木の洞に身を隠していた気持ちはそのほうにはわかるまい。大将の道をお前のような小物に話しても無駄だな」

と言って、その後は口をきかなかったという。三成のプライドは天より高い。

三成が家康の前に引き出された時、家康が「勝負は時の運、どんな武将でも負けることはあるものだ。恥ではない」と声をかけると三成は上機嫌になり、「その通

り!!　今回はただ天運がなかっただけだ。早く首を刎《は》ねられよ」と言った。**家康は「三成はさすがに大将の器量がある」と褒めている**（勝ったからこその余裕の発言な気もするが）。

なお、三成の娘の子孫は尾張徳川家に嫁いだ千代姫《ちよひめ》（家康は曽祖父《そうそふ》、三成は高祖父）の血筋に連なり、さらに九条《くじょう》家、二条《にじょう》家を経て今上天皇に三成の血を伝えている……。

コラム　戦国一の美男美女のカップル

戦国一の美男美女カップルは、細川忠興《ほそかわただおき》（1563〜1645）と細川ガラシャ（1563〜1600）で決まりだろう。

信長に仕えていた忠興は十六歳の時、信長の仲介で明智光秀の三女で同い年の玉《たま》（のちのガラシャ）と結婚した。忠興は美男、玉は美女、お似合いのカップルだった。

しかし、一五八二年に光秀が「本能寺の変」で織田信長を討ったことで玉は謀反人の娘となった。忠興は玉を幽閉し、赦《ゆる》したのちも監視を続けた。**忠興は家臣に「天下一気が短い」と書かれるほどの短気**で、降伏してくる兵を殺すなど残酷な面もあり、また嫉妬《しっと》深かった。

たびたび出陣して家を空けることの多かった忠興は、美しい玉が他の男に言い寄られることを恐れて（特に秀吉）、釘《くぎ》を刺す歌を贈っている。

なびくなよ　我が姫垣の　女郎花《おみなえし》　男山より　風は吹くとも

訳 男から言い寄られてもなびくなよ、姫垣（低くて出入りしやすい垣根）の中にいる女郎花（ガラシャ）よ。

これに対して、玉は「浮気《うわき》など絶対いたしませんわ!!（怒）」という歌を返しているが、次第に夫婦仲は冷え込んでいった。

軟禁状態の中、玉はキリスト教のことを知り、その教えに心引かれていく。一五八七年に秀吉がバテレン追放令を出したことを知ると、**自宅で密《ひそ》かに洗礼を受けてガラシャという洗礼名を授けられた。**

キリシタンとなったことを知った忠興は激怒し、ガラシャに棄教を迫るなど辛《つら》く当たった。ガラシャは夫と別れることを望んだが、キリシタンの離婚は認められないため、それは叶《かな》わなかった。

一六〇〇年、石田三成が挙兵した時、忠興は上杉征伐に出陣していた。その留守を狙った三成は、ガラシャを人質にしようと屋敷を包囲したが、ガラシャは侍女たちを屋敷の外に出し、自分は人質になることを拒否して死ぬことを選んだ。

ただし、キリスト教の教えでは自殺は禁じられていたため、ガラシャは家老の小笠《おがさ》原秀清《わらひできよ》に頼んで自らを殺させた。秀清はガラシャの遺体が敵方に奪われぬよう屋敷に爆薬を仕掛け、点火するや自刃した。神父オルガンティノは、その焼け跡から彼女の骨を拾ってキリシタン墓地に葬ったという。

辞世の句は、

散りぬべき　時知りてこそ　世の中の　花も花なり　人も人なり

訳 世の習いとして、散るべき時を知っているからこそ桜は美しいのであり、人も死に際をわきまえてこそ価値があるというものです。

のちに忠興はガラシャの死を悲しみ、オルガンティノに依頼して教会葬を行い、自らも参列している。

忠興は信長、秀吉、家康、秀忠と仕え、豊前国（現・福岡県東部および大分県北西部）小倉《こくら》藩の初代藩主となった。

短気だった性格も、年を取って角が取れて丸くなった忠興は、「天下の政治はどのようにすればよいか」と秀忠に尋ねられると、「天下の政治は、角のある物に丸い蓋《ふた》をしたようにされるのがよろしいかと存じます」と答えた。

さらに、「どのような人物が役に立つか」と秀忠に尋ねられると、「明石《あかし》の蠣殻《かきがら》のような人物が役に立ちましょう」と答えた。これは「明石の激しい潮の流れにもまれた蠣が美味《おい》しいように、人も多くの経験を積み、もまれた者が役に立つ」という意味だ。

一六四五年、忠興は八十三歳であの世に旅立った。ガラシャの死から四十五年も経っていた。最期の言葉は、

皆共が忠義、戦場が恋しきぞ。いづれも稀《まれ》な者どもぞ。

訳 皆どもが忠義を見せた戦場が恋しい。誰もが皆、稀有《けう》な者たちだった。

忠興は最期の時まで戦国武将の心意気を忘れることなく、「戦場が恋しい」と言って世を去った。

加《か》藤《とう》清《きよ》正《まさ》（1562〜1611）

「虎退治」の豪傑は、築城名人でもあった

「虎退治」伝説のイメージはこんな感じ
ガォー
虎め!!
本当は鉄砲で虎を撃った
虎め!!
築城名人
虎退治だけじゃないぞ!!
やっぱり「隈本」より「熊本」だよね!!

清正は遠くから鉄砲で虎を撃とうとしていた人々を制し、虎が猛《たけ》り狂って口を開き、飛びかかってくるところまで待って喉《のど》に一発ズドーンッと撃ち込んだ。

加藤清正と言えば朝鮮での「虎退治」が有名だ。

秀吉の命で朝鮮に出兵していた清正がある山の麓《ふもと》に陣営を構えていた時、虎が来て軍馬をくわえたまま柵《さく》を飛び越えて逃げた。それを聞いた清正は「悔しいことよ！」と怒ったが、味を占めた虎が再びやってきて小姓を嚙《か》み殺すに及んで、虎狩りをすることにした。

山の探索を始めると、一頭の虎が生い茂った萱原《かやはら》をかき分けて清正を目がけて突進して来た。清正は大きな岩の上に立ち、鉄砲を持って冷静に虎を狙った。虎は三十間（約五十五m）まで近づいて来て、じっと清正を睨《にら》みながら立ち止まった。

清正は鉄砲で虎を撃とうとしていた人々を制し、虎が猛り狂って口を開き、飛びかかってくるところまで待って喉に一発ズドーンッと撃ち込んだ。虎はその場にどっと倒れ、起き上がろうともがいたが、致命傷を負って死んでしまった。

これが豪傑清正の「虎退治」伝説だが、**鉄砲で殺したのでは今一つ迫力が足りな**

い、ということで、「片鎌槍《かたかまやり》」伝説が作られた。（鉄砲でも十分すごいと思うのだが……。）

　これは清正が所持していた十文字三日月槍の片刃が虎退治で噛み折られてしまい、残った片刃だけの槍を「片鎌槍」と称して愛用したという伝説だ。鉄砲で殺したのではなく、「槍で戦って虎を退治した」という勇猛な話にすり替えられたのだ。

　実際のところ**清正は、身の丈「六尺三寸（約百九十cm）」もある大男**だったと伝えられている。戦国時代の平均身長が百五十五cm程度と言われている中、さらに兜《かぶと》を被《かぶ》ることで背が高く見えたのだから、豪傑間違いなしだ。

　背丈だけでなく口も大きかった清正は、口の中に拳《こぶし》を入れることができたといわれ、同じく口の大きかった新選組局長の近藤勇《こんどういさみ》は、清正にあやかって真似《まね》し、拳を口に入れていたという。普通の人は決して真似をしないように……。

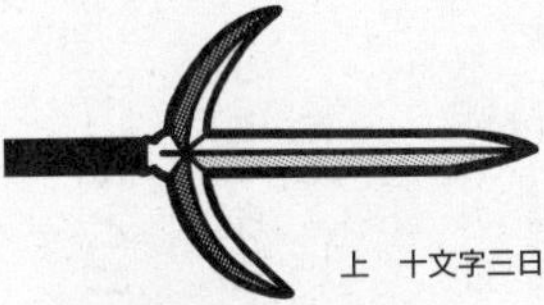

上　十文字三日月槍

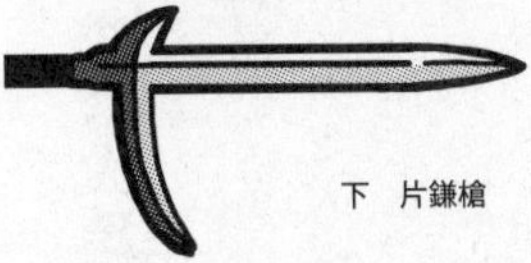

下　片鎌槍

清正と三成は犬猿の仲!!

清正は刀鍛冶《かたなかじ》加藤清忠《きよただ》の子として尾張国愛智郡（現・愛知県名古屋市）に生まれた。秀吉の生母である大政所と清正の母とが従姉妹《いとこ》（あるいは親戚《しんせき》か）であった縁から、近江長浜城主となった秀吉に小姓として仕えた。

本能寺の変のあと、清正は秀吉に従って「山崎の戦い」に参加し、その翌年の「賤ケ岳《しずがたけ》の戦い」では武功を挙げて**三千石の所領を与えられ、その後も順調に出世した。**

一五九二年の朝鮮出兵（文禄《ぶんろく》の役）では、まず小西行長《こにしゆきなが》（堺《さかい》の商人から武士に転身し、豊臣政権で大出世!）の率いる軍勢が釜山《プサン》に上陸し、連戦連勝で李《り》王朝の都である漢城《ハンソン》（現・ソウル）を落とした。続いて加藤清正が上陸すると、これまた勝ち続けた。ちなみにこの時、大陸遠征のための船の建造や食糧調達などは石田三成が担当した。

しかし、進軍を続ける日本軍は朝鮮半島を内陸深く進み、縦に伸びすぎてしまった。また作戦を巡って意見が対立するなど、**清正と行長との間もぎくしゃくしてき**

た。その時、強力な明の援軍が到着して苦戦を余儀なくされ、食糧補給もままならず、日本軍は泥水をすすりながらの苦しい戦いを強いられた。

そこに明からの休戦の申し込みがあった。行長はこれ幸いと和睦《わぼく》を結ぼうとしたが、ボス秀吉の出した条件は、「朝鮮半島の南部を日本に譲ること」だったので、明にも朝鮮にも到底受け入れられるものではなかった。

秀吉の命令を無視し、ウソをついてでも和睦を結びたい行長は、対立していた清正を排除するために秀吉に讒言《ざんげん》した。

この時、戦争継続は不利と考える三成も行長を支持したことで秀吉はその讒言を信じ、清正は京に戻され謹慎処分となってしまった。

清正は、豊臣政権の五奉行の一人である増田《ました》長盛《ながもり》に秀吉への謁見許可を求めたところ、「貴殿はまず三成と和解せねばならぬ」と言われたので、清正は**「拙者は死んでも三成と相和するようなことはできない」**と断った。これ以後、二人は犬猿の仲として敵対していくことになる。

讒言癖のある三成に皮肉で仕返し!!

一五九六年閏《うるう》七月、近畿《きんき》地方に大地震が起きた。秀吉のいた伏見城は壊れ、圧死する者数百人にも及んだ。清正は「謹慎中の身だが、ただ手をこまねいてこの大事を見過ごしているわけにはいかない」と言って、ただちに兵卒二百人を従えて馳《は》せ参じ、秀吉の警衛に当たった。

秀吉は何とか難を逃れて地べたに席を設けて座っていたが、清正の姿を見ると**「阿虎《おとら》、そちは実に早くやってきたな」と清正を幼名で呼んだ。**秀吉のホッとした顔を見た清正は、自分の冤罪《えんざい》を切々と訴えた。秀吉は、長年の朝鮮出兵でやつれてしまっている清正の姿に今更ながら気が付き、行長や三成の讒言を信じた自分を恥じた。

「阿虎《おとら》よ、そちはおむつのころからわしのところで育ったのだ。気心の通じた真の部下よ」と秀吉は清正の謹慎を解いた。

その後、遅れてやってきた三成が、伏見城に入れてもらえず困っているのを見た清正は大声で、「ちびのお世辞男を入れてやれ」と皮肉たっぷりに家来に言った。三成への恨みは消えていない清正だった。意外に粘着質……。

命を狙った者を雇う……さすが清正、度量が広い!!

秀吉の九州平定に従って武功を挙げ肥後《ひご》国領主となった佐々成政《さっさなりまさ》だが、失政により改易された。さらに切腹を命じられ、その検使として清正が遣わされた。死んだ成政に替わって清正が肥後北半国十九万五千石を与えられて隈本《くまもと》城に入った。

ある日鷹狩《たかが》りに出た時のこと。木陰から一人の男が走り出て来て、清正の乗っている駕籠《かご》の真中を刀で突き通したが、**清正は酒に酔って後ろに寄りかかって眠っていたので、身体に当たらず難を逃れた。**

その男を捕らえて尋問すると、「自分は国右衛門《くにえもん》と言うが、捨子の身だ。一門は加藤清正のために亡ぼされたというのを聞いて、清正を討って敵《かたき》を取ろうとずっと狙っていたが、運の強いお方ゆえ本意を遂げることができず無念だ。この上は早く首を刎《は》ねてくれ」と言った。

清正はそれを聞いて「あっぱれ、肝に毛のはえた曲者《くせもの》である。その方の命は助けてやる。一念を翻し、この清正の家来になれ」と言った。

国右衛門は「かたじけないが、お受けすることはできぬ。一旦《いったん》ご恩を受け、ご奉公しても、逆心を考えるは必定。それ故に早く死を賜りたい」と望んだ。

その時だ。清正は大声をあげ、両眼を三角にして**「その方は今まで大剛の者と思っていたが、卑怯《ひきょう》千万の臆病《おくびょう》者である」と叱った。**国右衛門は唇をかんで「臆病とは何事ぞ！」と腰を浮かせかけた。

清正は、「その方はつい先ほど命を捨てたのではないか。本当に命を捨てたのならば、それまでの考えは残っていない筈《はず》だ。それを捨て切れないのを臆病者と言ったのだ」と言うと、国右衛門は「有難き一言によってたちまち一念は晴れました。ご家来となり、このご恩に報いたいと存じます」と言って涙を流した。

清正は喜んで駕籠より降り「これからは歩いて行く。国右衛門、刀を持て」と腰の刀を渡して鷹狩りをした。その後、国右衛門は清正の側を離れず、徐々に禄《ろく》を増やされた。国右衛門はその恩に感じて朝鮮出兵で活躍し、「蔚山《ウルサン》の戦い」で戦死した。

命を狙って来たものを逆にスカウトして自分の家来にするとは、さすが清正！

大物ですな。

関ケ原の戦いで、憎き行長を撃破!!

一五九八年、秀吉が亡くなると五大老から帰国命令が発令され、清正をはじめ、福島正則、黒田長政らは明・朝鮮軍の追撃を振り切って、なんとか全軍退却した。しかし、小西行長だけは敵の妨害にあってなかなか帰れずにいた。その時、清正は行長が帰国できるよう尽力した。無事に帰国した行長は感泣《かんきゅう》して「このようなご厚意に与《あずか》るとは思いもかけなかった。加藤殿の義に厚きこと、ここまでとは……。なにとぞ今までの憾《うら》みをお忘れ下され」と言った。調子のイイヤツだ。

清正は笑って、

「わが国のためにしたことで、貴殿のためにしたことではない。また貴殿は石田三成と馬が合うお方のようなので、拙者はとうてい仲良くすることはできませせぬ」

と言った……やっぱり清正は粘着質。

秀吉亡きあと、五奉行の一人である文治派の三成を中心とした勢力と、清正や福島正則らを中心とした武断派勢力が激しく対立した。本来、清正の立場は豊臣方のはずだったが、**三成や行長との反目もあり、五大老最右翼の家康に近づいていった。**

関ヶ原の戦いで、清正は家康の東軍に協力する約束を交わし、黒田官兵衛軍とともに出陣して憎き行長の宇土《うと》城などを攻略し、九州の西軍勢力を次々と破った。戦後の論功行賞で、小西旧領の肥後南半を与えられた。

「隅本」から「熊本」へと改称したその理由とは？

肥後一国五十二万石の領主となった清正は、一六〇七年に隈本城の改修工事が終わった際に、**「『隅本』より『熊本』の方が勇ましかろう」と言って「熊本城」と改称した。**

清正は、藤堂高虎《とうどうたかとら》・黒田官兵衛と共に**「築城三名人」の一人**としても知られ、熊本城だけでなく、江戸城、名古屋城など数々の城の築城に携わった。

また高い土木技術を使って領内の治水事業にも取り組み、農業政策でも実績を上げた。そのため肥後人の清正への崇敬も強く、熊本藩においては「清正公《せいしょこ》さん」と呼ばれて慕われた。

清正は、一六一一年三月に行われた二条城における家康と豊臣秀頼との会見を取り持つなど、**家康と豊臣家との和解に尽力した。**その帰国途中の船内で発病し、回復しないまま熊本で死去した。享年五十。

清正の死因は梅毒とも、ハンセン病ともされている。一方、二条城での秀頼と家康の会見の席で出された毒饅頭《どくまんじゅう》を食べて死んだという「毒殺説」も根強く、歌舞伎の題材にもなった。

家康は豊臣家を亡ぼすために秀頼の毒殺を図り、意を受けた腹心の平岩親吉《ひらいわちかよし》が遅効性の毒の入った饅頭を自ら毒味した上で秀頼に勧めた。しかし、それを察した清正は自ら毒饅頭を食べ、身を挺《てい》して秀頼を守ったという。清正が辞世も遺言も残さず突然死したことや、清正と親吉が相次いで亡くなっていることから、**「毒饅頭暗殺説」が巷間《こうかん》ささやかれたが、真相は闇の中だ。**

福《ふく》島《しま》正《まさ》則《のり》（1561～1624）

一番槍、一番首の「猪武者」は戦場でこそ生きる

武士たる者の墓所は戦場じゃ!!
小山評定にて
家康様にお味方いたす!!
ありがと…
エイエイオー!!
関ケ原の戦いでも武功を挙げる
ワー
ワー
しかし、平和な世では、無用の長物
ワシは戦場でこそ生きるのよ

「他の方がたの気持ちがどうであろうとも、この正則は家康様のお味方として、その兇徒《きょうと》（三成）を誅伐《ちゅうばつ》いたします」

これは徳川家康が上杉征伐のため諸将を率いて東北に向かっている途中の下野小《しもつけお》山《やま》（現・栃木県小山市）で開かれていた軍議「小山評定」で福島正則が発した言葉だ。

家康が畿内《きない》を留守にしている隙をついて石田三成が挙兵した。家康にとってこれは想定内だったが、豊臣家譜代の諸将は動揺した。家康は、「ご一同の夫人はみな大坂にいる。心配であろう。三成に味方したとしても決して恨んだりはせぬ。一刻も早く大坂に戻られよ」と言った。

その時だ。正則が一人進み出て、「妻子の情にひかれ、武士の道を踏み外すことがあってはならぬ。内府（家康）のために、身命を捨ててお味方いたします」と宣言した。それを聞いた諸将の動揺は収まり、皆家康に味方することに決めた。

これは、**家康の命を受けた黒田長政（如水の息子）が、あらかじめ正則を懐柔していたからこそ出た発言**だった。秀吉の子飼いだった正則が家康側に付くことで、豊臣側の諸将を東軍に引き入れるための作戦だった。彼らがどちらにつくか、家康にとっては勝負の分かれ目だったのだ。

このあとの会議で家康は、「会津の上杉景勝《かげかつ》を先に攻めるべきか、それとも関西に戻るべきか」と諸将に尋ねた。すると正則が「景勝の反逆《はんぎゃく》も、つまるところ石田の方から起こっている以上、まず上方の賊徒を滅ぼされる方がよいと存じます」と言うと、掛川《かけがわ》城主の山内一豊《やまうちかずとよ》が自らの城を提供することを申し出た（229ページ参照）のに続いて、他の諸将も次々に自分たちの城の提供を申し出た。正則も居城である清洲城と大量の兵糧の提供を宣言し、東軍は一致団結、エイエイオー！状態。

これを聞いた家康は感激して反転し、西上することを決めた。**天下分け目の関ケ原の戦い、そのキーマンとなったのは正則**だった。

「賤ケ岳の戦い」で一番槍、一番首を挙げて大活躍!!

福島正則は一五六一年、尾張国海東郡（現・愛知県あま市）で生まれたが、父親は二人ほど候補がいて（笑）定かではない。母は（定かで）秀吉の母の妹だ。それが縁で、成長するに及んで正則は秀吉の小姓になった。

秀吉と正則は従兄弟《いとこ》だったが、年齢が二十四歳差だったので、秀吉（と妻のね

ね）に我が子のように可愛がられた。同じく秀吉と縁戚《えんせき》関係にあった加藤清正も幼い頃から秀吉に仕えており、歳の近い**正則と清正は無二の親友**となっていった。

十八歳で初陣を飾った正則が功名を立てたのは「賤ヶ岳の戦い（vs.柴田勝家）」だ。この戦いで活躍した七人を「賤ヶ岳の七本槍《しちほんやり》」と呼ぶが、正則は中でも一番槍、一番首を挙げたので、メンバー中一番多い五千石を与えられた。

その後、四国征伐や九州平定でも活躍した正則は、朝鮮出兵の文禄の役で五番隊の主将として正則自ら軍船に乗って指揮を執り、敵を撃退して功績を積み上げた。

なにがなんでも敵に後ろを見せない意地っ張り!!

正則のポリシーは、「武士たる者の墓所は戦場」だ。関ヶ原の戦いで危険な場面に遭遇し、家臣から一時退却を進言された時も制止を無視して一人で敵に向かっていこうとしたので、大勢の家臣が正則の乗る馬に取りつき、無理やり後ろに引きもどした。正則はそれでもなお、**「敵に後ろは見せたくない」といって、馬上で体をねじって後向きになったまま退却した**という。

一五九八年に秀吉が死去すると、家康を中心としたパワーゲームに石田三成が参戦するという構図になった。本来秀吉の子飼いだった正則だが、三成と犬猿の仲になっていた反動もあって家康に接近した。**根っからの武断派の正則は、文治派の三成とはとにかく反りが合わなかった。**

朝鮮出兵において、前線で戦って死線をさまよう厳しい環境に置かれた正則や加藤清正らに対して、三成は兵站《へいたん》（武器・食糧・医療などの補給）を担当しただけで、危険を伴う戦には出ていない。さらに、あれだけ苦労した朝鮮出兵なのに何の論功行賞も得られなかったのは三成の讒言《ざんげん》のせいだと考えた正則は、**朋友《ほうゆう》の清正らと共に三成を襲撃**した。この時、三成は家康のところに逃げ込んだ（卑怯《ひきょう》者め‼）。

結果としては、家康の仲裁で正則は襲撃を翻意したので三成は助かったが、その経緯から正則は家康に敬意を払うようになり、正則の養子正之《まさゆき》と家康の養女満天姫《まてひめ》との婚姻を実現させるなど、完全に家康側の大名となった。

関ヶ原の戦いでは、宇喜多秀家勢と戦ってその進撃を防ぎ切り、壊滅させた。戦後、正則は安芸広島と備後、四十九万八千石を得た。

「乱暴な猪武者」のホロッとするエピソード

正則の残した逸話から得られるイメージは、**「乱暴な猪武者」**だ。

子供の頃に大人と喧嘩《けんか》をして相手を殺害したとか、安芸広島に入国する際、船が嵐に巻き込まれると「縁起が悪い」と言って罪のない船頭を斬り捨てたとか。

また大酒飲みで酒癖が悪く、ある夜泥酔して家臣に切腹を命じたものの翌朝になって間違いに気付いた。しかし、時すでに遅し。正則は家臣の首に向かって泣いて詫《わ》びたという逸話もある（コメントしようがない……）。

これだけだと、なんてひどい奴ということになりそうだが、**「鬼の目にも涙」のエピソード**もある。

関ヶ原の戦いのあと、正則が清洲から広島へ転封（栄転）となり、別れを告げて言うには、「拙者がまだ『市松』と名乗っていた子供の頃、職場で親方に食糧を運ぶ役目だった。その時、ある お寺の釈迦《しゃか》堂に住んでいる老尼がよく世話をしてくれ、食事も茶も与えてくれた。拙者はそのことが忘れられず、以後その**老尼に食糧を施して恩に報いてきた**。今、拙者が他所《よそ》に移ってしまえば老尼はさぞかし困ることであろう。貴殿ら、よろしく老尼の世話をして下されば、この身にとってはまことに嬉《うれ》しきこと。なにとぞ頼み入る」と言ったので、諸士はこれを承諾して毎年、老尼に米を贈った。

また、**正則はかなりの恐妻家**で、嫉妬《しっと》に狂った夫人に薙刀《なぎなた》で斬りつけられたことがある。戦場では一度も臆《おく》したことはないと自負していた正則もこれには逃げ出した。

なんだか「憎めない男」、それが福島正則だ。

「わしはつまり弓である」という真意とは⁉

こうして約五十万石もの大名になった正則のもとに、豊臣秀頼から使者がやって来た。来るべき「大坂の陣」において、味方してほしいという要請だ。正則は秀吉の従兄弟であり、豊臣家に格別恩顧がある身だ。

しかし、正則は「拙者はお心に添うようなお返事を申し上げるわけにはまいらぬ」と言って書状を見る前に断った。そして秀頼への言伝《ことづて》として、「家康は、野戦は得意だが城攻めはそれほどでもない。これが頼みの一つ目。また太閤がお造りになった大坂城は天下無双の要害である。これが頼みの二つ目。そういうわけだから、城を頼みとして戦いをなされよ」とアドバイスして使者を返した。

二度の大坂の陣では、豊臣側に寝返ることを警戒されたため江戸留守居役を命じられた正則だが、秀忠の命により嫡男の忠勝《ただかつ》を出陣させている。

家康の死後まもなく、台風により壊れた広島城を無断修繕したことが武家諸法度違反に問われ、また人質として江戸に送るはずだった忠勝の出発を遅らせたことなどから、**安芸・備後五十万石は没収され、信濃国川中島四郡中の高井郡《たかい》（現・長野県北部）と越後国魚沼郡《うおぬま》（現・新潟県の中部）の四万五千石に減転封の命令を受ける**こととなった。

この時、家臣が正則に向かって、「かつてあれほどまでのご武功を重ねられましたのに、このような酷《ひど》いご処置とはいったいどういうことでしょう」と嘆くと、正則は、「あの弓を見てみよ。敵がいるときは重宝なものだが、国が治まっているときは袋に入れて土蔵の中にしまわれる。わしはつまり弓である。**乱世のときに重宝がられる人間ゆえ、このように平和な世となれば、川中島の土蔵に入れられるだけだ**」と言った。武断派の正則は、平和な世に活躍の場はないと心得ていた。

その後、正則は忠勝に家督を譲り隠居した。一六二四年、高井野《たかいの》（現・長野県高《たか》山村《やま》）で死去した。享年六十四。正則らしく、辞世の句はない。

島《しま》津《づ》義《よし》久《ひさ》

（1533～1611）

優秀な弟三人を率いて九州統一まであと一歩

戦国一優秀な四兄弟!!
家久
義弘
義久
歳久
ドドドン!
く…
口惜しか…
豊臣軍
20万
関ケ原の戦い?
東軍?西軍?
何も知りもはん
しら
島津領
安堵確定
粘り勝ちで
ごわす!!

徳川家康に合戦での手柄話を乞《こ》われた島津義久は、「弟たちや家臣団を遣わせて合戦し、勝利を収めたというだけであって、自分の働きなどひとつもございません」と答えた。

一五三三年、島津義久は第十五代当主・島津貴久《たかひさ》の嫡男として生まれた。義久には優秀な三人の弟（義弘《よしひろ》・歳久《としひさ》・家久《いえひさ》）がいた。

祖父の忠良《ただよし》はこの四兄弟を、**「長男の義久は三州（薩摩《さつま》・大隅《おおすみ》・日向《ひゅうが》）の総大将たるの材徳自《おのずか》ら備わり、次男の義弘は雄武英略を以《もっ》て傑出し、三男の歳久は始終の利害を察するの智啓並びなく、四男の家久は軍法戦術に妙を得たり」**と評価した。

これが本当なら、戦国最強ともいうべき四兄弟だ。

当時、島津氏が領有していた薩摩（現・鹿児島県西部）・大隅（現・鹿児島県東部）・日向（現・宮崎県）の三州は、国人衆（地方豪族）が従わず、割拠する状況だった。十六代当主となった義久は、まずこの三州全域を掌握することに力を注いだ。

一五七二年、日向国の伊東義祐《いとうよしすけ》が三千の兵を率いて島津領に侵攻すると、次男の義弘が僅《わず》か三百の手勢で迎え撃ち、これを打ち破った。この戦いは**数の劣勢を跳ね返したという意味で「九州の桶狭間《おけはざま》」と呼ばれた**が、実は島津勢三百人のうち二百五十人を超える犠牲者を出したうえでのギリギリの勝利だった。

その後、義久は大隅国を獲得。日向の伊東氏は大友宗麟《おおともそうりん》を頼って豊後《ぶんご》へと落ち、島津氏の悲願であった薩摩・大隅・日向の「三州統一」が成し遂げられた。時に義久は四十五歳だった。

無念‼ 二十万もの豊臣軍の前に白旗

島津氏が勢力を拡大したことに危機感を覚えた豊後国（現・大分県）の大友宗麟は、秀吉に助けを求めた。

この当時の秀吉は、四国の長宗我部《ちょうそかべ》元親《もとちか》を降伏させて四国を平定していた。さらに大名間の私闘を禁じた法令「惣無事令《そうぶじれい》」を出し、これに違反して私闘した大名がいれば、秀吉は関白として天皇の名のもとに征伐する大義名分を得ていた。

この「惣無事令」に基づき、これ以上の九州での戦争を禁じる書状が義久のもとに届けられた。しかし義久はこれを無視し、大友氏の所領の筑前国《ちくぜんのくに》（現・福岡県北西部）の攻撃を命じた。

大義名分を得た**秀吉は「九州征伐」を開始した。**一五八七年、まず秀長《ひでなが》（秀吉の実弟）率いる十万人が九州に到着。続いて、豊臣秀吉率いる十万人も小倉《こくら》に上陸し、総勢二十万もの軍勢が薩摩国を目指して進軍した。

しかし、島津氏も負けていない。「軍法戦術に妙を得たり」と評された四男の家久が、豊臣軍先鋒《せんぽう》を得意の「釣り野伏《のぶ》せ」で壊滅させた。

「釣り野伏せ」とは、義久により考案された戦法で、野戦において二隊をあらかじめ左右に伏せさせておき、残り一隊が敵を挑発しつつ後退して伏兵のいるところへ誘導し、機を見て敵を三方から囲んで包囲殲滅《せんめつ》させる戦法のことだ。この戦法で義久はこれまでにもトップ級の武将の首を数多く取ってきた経験があった。

九州では無敵の島津氏だったが、二十万もの豊臣軍を前にしてはいかんともしがたく、退陣を余儀なくされた。義久は薩摩に戻って降伏し、**秀吉に自分の愛娘を人質として出した。**屈辱だ。義久が秀吉に拝謁しての帰り道、娘と別れるに忍びず、和歌を詠んだ。

二た世とは　契らぬものを　親と子の　別れむ袖《そで》の　哀れをも知れ

訳 夫婦は二世《にせ》（現世と来世）の契りをするが、二世の契りをしない親と子が離れ離れになる折の袖は涙に濡《ぬ》れて、可哀そうなものと知って欲しい。

義久はこの歌を細川幽斎《ゆうさい》（藤孝《ふじたか》）に贈った。幽斎は武将にして歌人、藤原定家《ていか》の再来とまでいわれた人物だ。幽斎がこの歌を秀吉に見せると秀吉は深く同情し、すぐに人質を返してあげたという。

無実の弟を死に追いやってただ涙、涙

秀吉は島津家に対して敬意を払い、義久には薩摩国、義弘には大隅国を与えた。しかし、島津家は秀吉の出した刀狩令になかなか応じず、朝鮮出兵の時も秀吉の決めた軍役を十分に達成することができなかった。

特に**三男の歳久は秀吉に対して反抗的**で、病気を口実に朝鮮出兵を断ったり、秀吉に矢を射かけたりした（秀吉の乗っていた駕籠《かご》とは別の駕籠に当たって未遂に終わった）ので、ついに秀吉の逆鱗《げきりん》に触れ（そりゃ怒るわ）、**秀吉は歳久の首を要求**した。

義久はやむを得ず、追討軍を送った。実は歳久は本当に病気（中風）だったので朝鮮出兵に応じられなかったのだが、秀吉には仮病だと疑われていた。

追討軍に捕捉《ほそく》された歳久は、病気のためもはや刀を握る力はなく、傍らにあった石を懐刀と見立てて腹に当て、「早う近づきて首を取れ」と言うと、家臣が首を取った。享年五十六。従者二十七人が殉死。追討した者たちも皆槍《やり》や刀を投げ捨て、地に倒れ臥《ふ》し声を上げて泣いたという。

心ならずも腹を切らせることになった義久は悲しみ、**可愛い弟の無実を信じて追悼歌を贈った。**

写し絵に　写しおきても　魂は　かへらぬ道や　夢の浮橋

訳 肖像画に可愛い弟歳久の姿をいくら写し取っていても、死んで魂になってしまっては帰ってこない、夢のようにはかない人生だ。

なお、四男の家久はその数年前に四十一歳で急死している（暗殺説あり）。

義久の知らぬ存ぜぬ攻撃にさすがの家康も「まいった」

一六〇〇年の「関ケ原の戦い」において、義弘は西軍に荷担したが、兄の義久は国元にいて静観の構えを見せた。

関ヶ原の戦いのあと、家康によって薩摩遠征が計画されたが、義久は**「西軍への荷担は義弘が勝手に行ったもので、自分はあずかり知らぬこと」**と、知らぬ存ぜぬの一点張りで押し通した。義久は二年に及ぶ講和交渉の果て、島津領国の安堵《あんど》を確定させた。家康に会うこともせず、この結果を引き出した政治駆引きは、超一流といえる。

一六一一年、義久は病を得て亡くなった。享年七十九。辞世は、

世の中の　米《よね》と水とを　くみ尽くし　つくしてのちは　天つ大空

訳 世の中のあらゆる事を経験し尽くしたあとは、澄み切った大空のような気持ちで天界に旅立とう。

コラム

「鬼島津」と呼ばれた猛将義弘

島津四兄弟の中で、秀吉に一番早く恭順の意を表した次男の義弘《よしひろ》（1535〜1619）は、朝鮮出兵で奮戦した。その功績もあって一五九四年に義久と義弘の領国が交換されて、義弘が事実上の島津家当主となった。当主の座を追われた義久は大隅に移ったが、島津領内での実権は依然として義久が握っていた。

こうした状況下、一六〇〇年の「関ケ原の戦い」において、義弘は迷った末に西軍に荷担した。不本意な参加だった上に、義弘が提案した「夜襲策」が石田三成に却下され、**ますます戦意を喪失した義弘は、わずか三百人の軍勢を引き連れて関ケ原に陣取り、戦いを傍観していた。**

最初のうちは東西拮抗《きっこう》した戦いだったが、お昼過ぎに小早川秀秋が寝返って西軍は総崩れとなった。島津軍は孤立し、どうすべきか迷う中、**義弘は正面から敵中突破して撤退することを決意した。**

前方の敵は数万もの大軍。決死の覚悟を決めた島津軍は、敵味方を区別するしるしである旗指物《はたさしもの》や合印《あいじるし》などをすべて捨てて身軽になり、まず東軍の前衛部隊である福島正則隊を突破した。その後、島津軍は家康の本陣に迫ったが、ここで転進して南下した。追撃してくる家康軍に対して島津軍は「**捨て奸**《すてがまり》」と呼ばれる作戦を取った。

これは、敵の追撃に対して味方の小部隊が留《とど》まって敵を足止めし、全滅するとまた新しい小部隊が留まって足止めし……これを繰り返して大将（義弘）を逃がすという壮絶な戦法だった。

その結果、多くの犠牲者を出しながらも敵に痛手を負わせ、ついに家康から追撃中止の命令が出されるに至って島津軍は敵中突破に成功したのだった。

義弘は、命からがら海路で薩摩へ帰還したが、生きて薩摩に戻れたのは三百人のうちわずか八十数名だった。この退却戦は「**島津の退**《の》**き口**」と呼ばれて島津の勇猛さを世に知らしめた。また、生涯で五十回以上の戦に明け暮れた義弘は、「鬼島津」との異名を取った。義弘は、一六一九年、八十五歳で亡くなった。辞世の句を二首残しているが、そのうちの一首を紹介しよう。

天地《あめつち》の　開けぬ先の　我なれば　生くるにもなし　死するにもなし

訳 天地開闢《かいびゃく》以前の何もない私なので、そもそも生きることも死ぬこともないのだ。

真《さな》田《だ》幸《ゆき》村《むら》（1567?～1615）

武将としての美学を貫いた「日本一の勇士」

10代の頃 人質の
えーん
上杉氏
豊臣氏
不幸な
生い立ち
なんだよー
関ケ原の戦いでも
西軍について敗れる
父と僕は
西軍
兄は東軍
Win
東軍
西軍
Lose
またまた不幸
大坂の陣にも参加
「真田丸」を築いて
大活躍!!
真田丸
家康を
追いつめたよ!
男の美学を
貫いて敗死
ワー
ワー
ワー
ワー
死後民衆の
ヒーローに

「およそ、家が滅ぶべき時、人が死すべき時が至れば、潔く身を失ってこそ勇士の本意ではありませんか。どうして身を汚してまでも生きながらえて、家が滅びないようにしようなどと言われるのか」

これは**「犬伏《いぬぶし》の別れ」と呼ばれる真田家にとって重要な話し合い**の中で、真田幸村《ゆきむら》が兄信之《のぶゆき》（信幸）に向かって厳しく問い詰めたものだ。

一六〇〇年、天下分け目の関ケ原の合戦直前、真田昌幸《まさゆき》とその長男信之、次男幸村の三人は、家康の命で会津の上杉景勝討伐のために出陣し、下野《しもつけ》の犬伏《いぬぶし》（現・栃木県佐野《さの》市）で休んでいた。そこに石田三成から、「今仕えている家康の東軍を離れて、三成率いる西軍に味方するようお願い申し上げる」という密書が届いた。

信之は東軍に味方しようと言い、幸村は西軍に味方しようと言った。実は信之の妻は家康の家臣本多忠勝《ただかつ》（東軍）の娘、一方、幸村の妻は秀吉の家臣大谷吉継《おおたによしつぐ》（西軍）の娘。今仕えているのは家康だが、秀吉には大きな恩がある。

……**意見は真っ二つに割れた。**

信之は「父上と幸村は西軍に味方されるとよいでしょう。拙者は東軍に味方します。万一、西軍が敗れることがあれば拙者は死力を尽くして二人の危難を救い、真田の家が滅びないように尽力しましょう」と言った。それに対して幸村が冒頭の言葉を発した。「武士として潔く散る」という美学だ。

三人の真剣な話し合いは夜を徹して続いた。

重臣の河原綱家《かわはらつないえ》が心配して三人のいる建物の戸を開けると、「何人《なんぴと》も入って来るなと申し付けたはず！」と怒った昌幸が、履いていた下駄を脱いで投げつけると、それが顔に当たった綱家は前歯が欠けてしまった（とんだとばっちり）。

結論としては、昌幸と幸村は三成率いる西軍へ、信之は家康率いる東軍へ付くことになった。西軍、東軍、どちらが勝っても真田家は生き残れる……この決断は苦肉の策であったが、他に結論は見いだせなかった。

「犬伏の別れ」で決めた通り、昌幸と幸村は西軍として戦い、そして敗れた。東軍として戦った信之やその岳父《がくふ》本多忠勝の嘆願で死罪を赦《ゆる》され、二人は九度山《くどやま》（和歌山県北部）に流された。

「犬伏の別れ」から十数年、汚名をそそぐチャンス到来!!

幸村は、武田信玄の家臣、真田昌幸の次男として生まれた。弱肉強食の戦国時代、真田家は負け組に属し、それゆえ**幸村は十代で上杉氏、ついで豊臣氏の人質となった。**ちなみに一五六七年生まれと言われるが確証はなく、また「幸村」という名も生前は使われておらず、「信繁《のぶしげ》」が正しい。

武田家が滅ぼされると昌幸は織田家の家臣となり、やがて秀吉が台頭するとこれに服属した。この時、豊臣氏のもとで人質だった幸村は、豊臣家臣の大谷吉継の娘を正妻に迎えている。

信長が本能寺の変で横死すると、旧織田領が奪い合いになり、昌幸は家康と敵対することになった。一五八五年の**第一次上田《うえだ》合戦**では、攻め来る七千の家康軍に対して昌幸はわずか千二百の手勢で本拠の上田城に籠城《ろうじょう》し、**見事な戦略で家康軍を退け、小大名だった真田昌幸の名を全国に知らしめた。**これに懲りた家康は、真田氏を懐柔するために、徳川四天王の一人本多忠勝の娘小松姫《こまつひめ》を信之へ嫁がせた。

幸村が豊臣方、信之が徳川方に与《くみ》する縁（義理）がこうして出来上がり、「犬伏の別れ」の苦渋の決断へと繋《つな》がっていく。

その後、真田氏は秀吉に仕えて順調に功を挙げていき、幸村も無事に独立した。しかし、秀吉が亡くなると五大老のトップに君臨する家康に従った、いや、生き残るために従わざるを得なかった。

「犬伏の別れ」の時、幸村は豊臣方に付いた。その理由を次のように語っている。

「家康が上田を攻めてきた時、上杉景勝が加勢してくれました。また秀吉公が和平を調えられ、真田の武名を世にあげることができたのを考えると、豊臣家のご恩は決して浅いものではありません」

真田家が敵と味方に分かれて戦うという不幸な決断ののち、関ヶ原の戦いから十年以上の年月が流れた。九度山での蟄居《ちっきょ》中、**失意のどん底で昌幸は亡くなっていた。**

一六一四年、豊臣秀頼の使者が訪れ、大坂の陣の知らせを受けた幸村は、「捲土重《けんどちょう》来《らい》」を期して秀吉の恩に報いるべく大坂城に駆け付けたのだった。

「秀頼公のご運も、もはやこれまで」……討死《うちじに》を覚悟

一六一四年十月の「大坂冬の陣」に際して、豊臣方は秀吉の遺した莫大《ばくだい》な金銀を用いて浪人衆を全国から集めると、総兵力は約十万人にも上った。しかし、秀吉に恩義のあるはずの諸大名で大坂城に馳《は》せ参じる者はほとんどなく、烏《う》合《ごう》の衆の感は

ぬぐえなかった。

軍議の時、幸村は「太閤（秀吉）が光秀を誅伐《ちゅうばつ》した吉例に倣って、山崎へと兵を出し、天王山に御旗を立てるのが良いかと存じます」と言った。さらに「京都を制圧し、畿内《きない》西国の往来を塞《ふさ》げば、決心のつかなかった諸将たちが全国から駆けつけるでしょう」と城から出撃する**積極策を幸村は提案**した。

ところが**大野治長**《おおのはるなが》が、「真田殿のおっしゃることはごもっともなことですが、大坂城は日本第一の名城です。兵糧はたっぷりあり、容易に落ちますまい。この名城に立て籠《こ》もっているうちに、太閤の厚恩を受けた者どもが集まってくるでしょう。ともかく、城から打って出るのはよくないと存じます」と**籠城策を提案**した。

幸村は必死に籠城策の危険性を説いたが、最終的に豊臣方が採ったのは籠城策だった。幸村は、「秀頼公のご運も、もはやこれまで」と討死《うちじに》の覚悟を決めた。

「真田丸」で大活躍、徳川方に一泡吹かせる

幸村は「南からの攻撃に弱い」という大坂城の弱点を補強するために**「真田丸」という出丸（城から張り出して作った区域）を造った。**そこで家康軍の侵攻を防ぐ作

戦だ。その規模は（諸説あるが）、南北約二百二十m、東西約百四十m、周りを堀が囲み、さらに三重の柵《さく》が設置された。

戦いが始まると、数に勝る徳川軍が豊臣方の砦《とりで》を次々に突破し、二十万の軍勢が大坂城を包囲した。幸村は真田丸の中に居て門を閉じ、柱に寄りかかって黙然としたまま、まるで眠っているようであった。

そこに前田利常《としつね》（利家の息子）の軍勢が攻めて来て、まさに真田丸の中に入ろうとする時になって**幸村は「今だ、行け〜っ!!」と大きく叫んだ。**真田軍の一斉射撃を受けて前田勢の死傷者は千余にも及んだ。これはたまらん、と退却するしかなかった。

接近戦は不利と見た家康は、離れたところから大砲で大坂城を攻撃した。昼夜おかまいなく鳴り響く轟音《ごうおん》に淀殿は精神的に追い詰められ、砲弾が本丸を直撃したことにおじけづいた淀殿は和議を申し出た。

和議の条件は「真田丸の解体と大坂城の惣堀《そうぼり》を埋め立てる」だったが、これこそが家康のワナだった。豊臣方は「惣堀」というのは「外堀」のことだと思っていたが、「惣」は「すべて」の意味だと強弁したタヌキ親父家康は、突貫工事であっという間に三の丸、二の丸の堀を埋め立てた。**豊臣方の抗議もむなしく大坂城は本丸**

を残すのみ、丸裸も同然のただの城になってしまった。

「日本一の勇士」の涙のわけとは⁉

もはや勝ったも同然の家康だったが、第一次上田合戦での苦い経験を忘れてはいなかった。「真田を侮ってはいかん」。そこで幸村の叔父《おじ》を幸村のところに遣わして懐柔しようした。

「信濃一国をつかわすから味方にならぬか」という家康からの提案に対して幸村は、「拙者のような不肖の士《さむらい》に一国を賜ろうとはありがたき幸せ。しかしいったん約束を結んだ以上、**日本国中の半分を賜るとしても、気持ちを変えることはできません。**秀頼公のお味方をいたします。また、この戦は勝てる戦ではありませんので、拙者は初めから討死を覚悟しております」と叔父に向かって答えた。

家康はこれを聞いて「見上げた心根だ。まさに日本一の勇士よ」と言って褒めちぎったという。

幸村は徳川方にいた原貞胤《はらさだたね》と旧友だったので、彼を招いて饗応《きょうおう》した。数献のあとに、幸村は小鼓を取り出して打ち、乱舞をし、子息の幸昌《ゆきまさ》には曲舞《くせまい》（幸若舞《こうわかまい》の一種）

を二、三番舞わせた。

その後幸村が、「討死すべき身であったが、再びお目にかかれたことは喜びに堪えない。しかし、この御和睦《わぼく》も一時的なものであろう。われわれ父子は一、二年のうちに討死すると覚悟を決めている。君のため国のために討死するのは武士の習いではあるが、幸昌は十六歳になるやならずで拙者と同じ戦場の苔《こけ》に埋もれるかと思うと、それがあわれでなり申さぬ」と言って涙にくれた。

貞胤も涙を流して「ああ、武士ほど定めなき運命に弄《もてあそ》ばれる者はござらぬ。戦場に向かう身にとっては、どちらが先に死ぬかはわからぬもの。必ずや冥途《めいど》でまたお会いしましょう」と語り合った。

真田家の旗印は「六文銭」……三途の川の渡し賃

一六一五年夏、和睦はすでに破れ、「大坂夏の陣」が始まった。大坂城の堀をすべて埋められた以上、今度は打って出るしかなかった。しかし、兵力差は明らか、もはや玉砕覚悟で出陣するしか道はない状況だった。

次々に敗北の知らせが舞い込んでくる中、幸村は考えた。「こうなれば、秀頼公にご出馬していただくしかあるまい。そうすれば我が軍の勇気も百倍になる」。ところが淀殿に阻まれ、秀頼は総大将として出陣しなかった。**「ぬうぅ、秀頼の腰抜けめ、いや、マザコンめ‼」**。幸村は三千の兵を率いて出陣し、真っすぐ敵陣に突っ込んでいった。乾坤一擲《けんこんいってき》の正面突破作戦だ。

幸村が先鋒《せんぽう》になって切りかかってくるという噂が伝わるや否や、幕府軍は逃げ出して総崩れになった。真田家の旗印は「六文銭」。これは三途の川の渡し賃「六文」を意味する。この旗印を見た敵将たちは、命知らずの幸村隊の兵士たちの突撃に恐れおののいたという。

決死の覚悟を決めた幸村隊は、松平忠直《ただなお》（二代将軍秀忠の甥《おい》）率いる一万五千もの大軍に猛然と突っ込み、それを突破。さらに精鋭で知られる徳川の親衛隊を蹴散《けち》らして、**ついに家康本陣に二度にわたり突入し、馬印（戦陣の中で武将の所在を示す旗印）を倒すまでに至った**（157ページ参照）。

さしもの家康も「腹を切ろう」と覚悟を決めたが、近臣たちが止めた。そして幕府軍の必死の抵抗もあり、家康は命からがら退却した。

幸村の遺髪をお守りにする諸将

時間が経つにつれて幸村軍は疲弊し、兵力で勝る徳川勢に押し返されて撤退を余儀なくされた。大坂方は総崩れとなってこの戦いの勝敗は決した。

あと一歩のところで家康の首を討ち取り損じた幸村は、安居《やすい》神社（大阪市天王寺区）の境内で疲れて休んでいたところを、西尾仁左衛門《にしおにざえもん》に見つかった。「真田殿か」と尋ねられた**幸村は、「私の首を取って手柄にされよ」と答えた**という。

幸村の首実検の時、家康は「幸村にあやかれよ」と言って、幸村の頭髪を抜いて諸将に取らせた。諸将はその遺髪をお守りにしたという。

定めなき浮世にて候《そうら》へば、一日さきは知らざることに候。我々事などは浮世にあるものとは、おぼしめし候まじく候。

訳 確実なことなどないこの世ですから、明日《あした》のことなど分からないものです。私たちのことなどはこの世にいるとはお思いにならないでください。

これは、「大坂夏の陣」の約一か月半前の三月十九日に幸村が書いた手紙の一節だ。幸村は、享年四十九で死去したとされるが、影武者が七人もいたとの伝承があり、また豊臣秀頼を伴って大坂城を脱出し、天寿を全うしたという俗説もある。

幸村の実人生は大半が日陰の時代といえるが、猿飛佐助《さるとびさすけ》、霧隠才蔵《きりがくれさいぞう》などが活躍する講談**『真田十勇士』が創作されるや、一躍民衆のヒーロー**となった。幸村が泉下でこのことを知ったらどんな顔をするだろうか。

第四章
戦国時代を生き抜いて何を想う⁉
～兵《つわもの》どもが夢の跡～

伊《だ》達《て》政《まさ》宗《むね》（1567～1636）

超一流のパフォーマンスと処世術で戦国の世を生き残る

天下を何度も狙って失敗!!
ふかぶか～
遅れまして誠に申し訳ございませぬ
バーン!
裏切りまして誠に申し訳ございませぬ
生まれるのが遅すぎたんだ
でもね「伊達者」の語源はボクなんだよ!!

「梵《ぼん》天《てん》丸《まる》も、かくありたい」

政宗は一五六七年、伊達氏第十六代当主伊達輝宗《てるむね》の嫡男として出羽国《でわのくに》（現・山形県と秋田県）で生まれた。母は戦国大名最上義守《もがみよしもり》の娘義姫《よしひめ》。

伊達政宗は幼名を「梵天丸」と言った。

幼少期に**天然痘にかかり、片目を失明してしまった。**右目は見開いたまま白濁していたという。母親はそれを見て忌み嫌い、梵天丸と疎遠になってしまう。片目を失った上に母親からの愛情も失うとは何とも気の毒な話だ。

五歳の時、隻眼になった梵天丸を励ますべく乳母がお寺へ連れて行った。そこで不動明王《ふどうみょうおう》を見た梵天丸は、「これは何か。実に恐ろしい顔をしている」と尋ねた。そこにいた虎哉《こさい》禅師が、「これは不動明王と申しまして、顔は猛々《たけだけ》しくいらっしゃいますが、それはこの世の不正を監視するためで、本当は慈悲深く衆生をお救いになる『破邪顕正《はじゃけんしょう》の神』なのです」と答えた。

梵天丸はそれを聞いて、「それは武将として心得とすべきものだ。梵天丸も、かくありたい」とつぶやいた。この虎哉禅師は、父の輝宗が梵天丸の教育係として招いていた名僧だったのだが、梵天丸の賢さに感心し、終生の師弟関係となった。

なお、政宗と言えば「独眼竜」のあだ名で呼ばれるが、実際には（刀鍔《かたなつば》形などの）眼帯で目を覆ったという記録はない。

「人は堀、人は石垣、人は城、情けは味方、怨は大敵」

この言葉は武田信玄の名言として有名なものだが、『名将言行録』では政宗のところで紹介されている。**信玄バージョンは、「人は城、人は石垣、人は堀、情けは味方、仇《あだ》は敵なり」**と、少し違っている。

「大切なのは人材」であり、「部下を大切にすれば城よりもはるかに心強い味方となって国を守ってくれるし、部下を粗末に扱えば裏切られて敵となる」という意味だ。

政宗がこの言葉を家臣に話した**一五九〇年頃、政宗は東北地方において全国屈指の領国規模を築いていた。**

ある時、老臣たちから、「お城が小さく、手狭になってまいりました。そろそろ新しいお城をお造りになりませんか」と提言された政宗は、「わしは敵が押しよせてくれば、打って出て合戦して討ち果たすか、もし情勢が悪ければ退いて敵を領内に引き入れ、一か八かの合戦をし、敵を挫《くじ》くか、さもなくば討死するかのいずれかと、かねて決めているのだ」と答えた。

政宗には籠城《ろうじょう》してまで勝つという発想はなく、「守り」よりも「攻め」の姿勢だった。**超オフェンス志向。**「諸軍を率いて進軍し、勝って勝って勝ちまくり、関東に新しい土地を開こうと思っている」と勇ましく宣言した。

ただ天下取りを目指すには、政宗は二、三十年生まれが遅過ぎた。信長亡きあとは秀吉が先んじており、家康もその後釜《あとがま》を虎視《こし》眈々《たんたん》と狙っていた。また、東北という土地は京の都まであまりに遠かった。政宗、残念……。

命の危険の時に「茶の湯」をたしなむ!?

政宗は実の母義姫に毒殺されそうになったことがある。義姫は政宗より弟の小次《こじ》郎《ろう》のほうを可愛がっており、政宗が家督を継いだことに納得がいっていなかった。

また、夫の輝宗が畠山義継《はたけやまよしつぐ》に殺されて未亡人となったが、これは隠然たる力を持っていた輝宗を疎んじた政宗が謀殺したものではないかと疑っていた。

さらに、義姫の兄にあたる最上義光《よしあき》が政宗と対立し、ついに戦いが起きた。この時は義姫のとりなしでなんとか和睦《わぼく》にこぎつけたが、こうした事態に、義姫は義光と謀議して政宗の毒殺を決意する。政宗は毒を口にしたが、解毒剤のおかげで難を逃れ、これに怒った政宗は実の母親はさすがに殺せないので、代わりにライバルとなる弟小次郎を斬殺したという。

この「政宗毒殺未遂事件」が事実かどうかは怪しいが、この時期、政宗が反対勢力を一掃し、奥州を掌握して領土を広げたのは事実だ。

一方で秀吉が全国統一に乗り出していた。四国、九州と次々に征服し、全国統一まで残るは関東と東北地方を残すのみ、という状況になっていた。

秀吉は「惣無事令」(192ページ参照)に違反したとして、北条氏に宣戦を布告した。一五九〇年、秀吉は諸大名に「小田原征伐」へと参陣するように呼びかけた。ところが、**政宗はこの呼びかけに対して遅参してしまう。**実は伊達家は、北条氏と同盟関係にあったため、秀吉に協力すべきかどうか、直前まで迷っていたのだ。

遅参した政宗は足止めされて幽閉され、秀吉の命を待つことになった。これはかなりヤバい状況だ。その時、千利休が秀吉の供をして下って来ていたのを聞いた**政宗は、「千利休に茶の手ほどきを受けたい」と言って利休に付いて茶の湯の稽古《けいこ》をした。**……こんな時に茶の湯!?

秀吉は北条氏を滅ぼしたあと、政宗を討伐するつもりだったが、この話を聞いて「処刑されるかもしれないというのに、なんと豪胆な。ただの田舎者ではあるまい。『鄙《ひな》の都人』とでも申そうかのう」と関心を抱き、政宗と会うことにした。

「死に装束」姿で遅参のお詫び……仰天パフォーマンス

遅参して現れた政宗の姿に、秀吉や諸将は驚かされる。なんと**政宗は「死に装束」を着て現れた**のだ。しかし、秀吉も負けていない。杖《つえ》を政宗の首へ当てながら、「もう少し遅ければ首が飛んでいたぞ」と言い放ち、減封処分を下した。そして政宗が抜けた会津には、秀吉配下の蒲生氏郷を派遣した（129ページ参照）。

それでも政宗はくじけない。秀吉の「奥州仕置（東北地方の大名の配置換え）」に反発し、一揆《いっき》が起こった時、政宗は氏郷に協力してこれを討って平らげた。しかし、この一揆の黒幕は実は政宗だったのだ。

あわよくば氏郷を亡き者にしようとしたが失敗し、慌てて氏郷に協力したが、政宗が裏で糸を引いていたことがバレた。政宗、ピンチ！

秀吉は証拠となる書状の真偽を問いただすため、政宗に上洛《じょうらく》を要請した。それに応じた政宗は再び「死に装束姿」で現れたが、**今回は趣向を変えて金箔《きんぱく》を貼った大きな磔柱《はりつけばしら》を行列の先頭に立てて上京**した。こうなってくるともうギャグの世界だが、こうした大芝居を秀吉が好むことを計算したうえでの演出だった。

しかし秀吉はやはり甘くない。証拠の書状を政宗に突きつけた。すると政宗は、

「自分が書いた本物の書状の花押ならば、鶺鴒《せきれい》の瞳《ひとみ》の部分に針で穴が開けてあるはずです」

と主張した。確認してみると、証拠とされる書状の鶺鴒の瞳には針の穴が開いていなかった。うむむ……。こんな時のために政宗は、何種類かの花押を用意しておいたのが功を奏した。やるな政宗！

しかし、秀吉の疑念を完全に晴らすことはできず、七十二万石から五十八万石へと減転封された。作戦半分失敗!!

「伊達者」の語源となったきらびやかな装束姿

一五九三年、朝鮮出兵を命じられた政宗は「文禄の役《ぶんろく》」に従軍することになった。それにあわせて政宗があつらえさせた戦装束は絢爛《けんらん》豪華なものだった。着る物にこだわるオシャレな男、政宗だ。

三千人ともいわれる軍勢が上洛し、京都の街中を通り過ぎていく時、伊達勢のきらびやかな戦装束を見た群衆は大歓声を上げたという。これ以来、**派手な装いで粋《いき》なことを好む人を指して「伊達者《だてしゃ》」と呼ぶようになった。**

秀吉死去後、政宗は最大の実力者となった家康に忠誠を誓い、長女の五郎八《いろは》姫《ひめ》を家康の六男松平忠輝《ただてる》と政略結婚させるなど、接近を図った。

その後に起きた「関ケ原の戦い」において、政宗は家康から「戦後は百万石を与える」という「お墨付き」を受けて東軍に味方し、東北の上杉景勝討伐を任された。しかし、**ひそかに領地拡大を狙ったことがまたまたバレて戦後の論功行賞はほとんどなく、**百万石はパーになり、六十二万石を与えられたに過ぎなかった。何度計略がバレれば気が済むのだろうか……。

「大坂冬の陣」では騎兵鉄砲隊を率い、撤退する大坂方を追撃した政宗だったが、真田幸村率いる殿《しんがり》部隊に逆襲され、「関東武者は百万人いても、その中に男と呼べるほどの者は一人としていないようですな」と言い放たれて悔し涙を流した。

そんなこんながありながらも仙台藩の石高六十二万石は加賀藩の前田氏、薩摩藩の島津氏、福井藩の越前松平家に次ぐ全国第四位であり、最盛期には**「今に江戸三分の二は奥州米の由《よし》なり」**と言われるほどの穀倉地帯となった。

己の信念を貫いて生きた政宗は大往生

政宗は、海外にも目を向け、一六一三年に**仙台藩とスペイン帝国の通商を企画**し、家康から日本の外交権を借り受けると、家臣の支倉常長《はせくらつねなが》とフランシスコ会の宣教師ルイス・ソテロを外交使節に任命し、百八十余人の「遣欧使節」を結成した。

そして、スペイン王国（フェリペ三世）、ローマ教皇庁（パウルス五世）およびスペインの植民地であるメキシコへ派遣した**（慶長《けいちょう》遣欧使節）**。日本人がヨーロッパへ政治外交使節を派遣したのは史上初であり、また、日本人で太平洋と大西洋を横断した人物は支倉常長が史上初だった。

帰国した常長は政宗に、「南蛮の風俗は柔脆《じゅうぜい》であります。これを征するのは腐った木を倒すように、たやすいことでございましょう」と報告したが、残念ながら幕府によるキリスト教弾圧によって、政宗の野望を達成することはできなかった。

政宗は三代将軍家光の頃まで仕えた。時は太平の世に移り変わり、すでに戦場を駆け巡っていた武将大名のほとんどは死去していた。家光は政宗を「伊達の親父殿」と呼んで慕い、政宗はかつての合戦の様子や、秀吉・家康との思い出などを話したという。

ちょっとした病でも薬を飲むほど健康に気を使っていた政宗だったが、寄る年波には勝てず、一六三六年に病のため死去した。享年七十。辞世の句は、

曇りなき 心の月を 先立てて 浮世の闇を 照してぞ行く

訳 雲一つない心の中の月光のごとき己の信念を頼りにして、先の見えない戦国の世を生き抜いてきたわが生涯であった。

己の信念を貫いて生きた政宗らしい歌だ。将軍家は、政宗のために、江戸で七日、京で三日、喪に服するよう人々に命じる異例の措置を講じたという。

直《なお》江《え》兼《かね》続《つぐ》（1560〜1619）

「愛」と「義」に生き、どんなに困ってもリストラせず

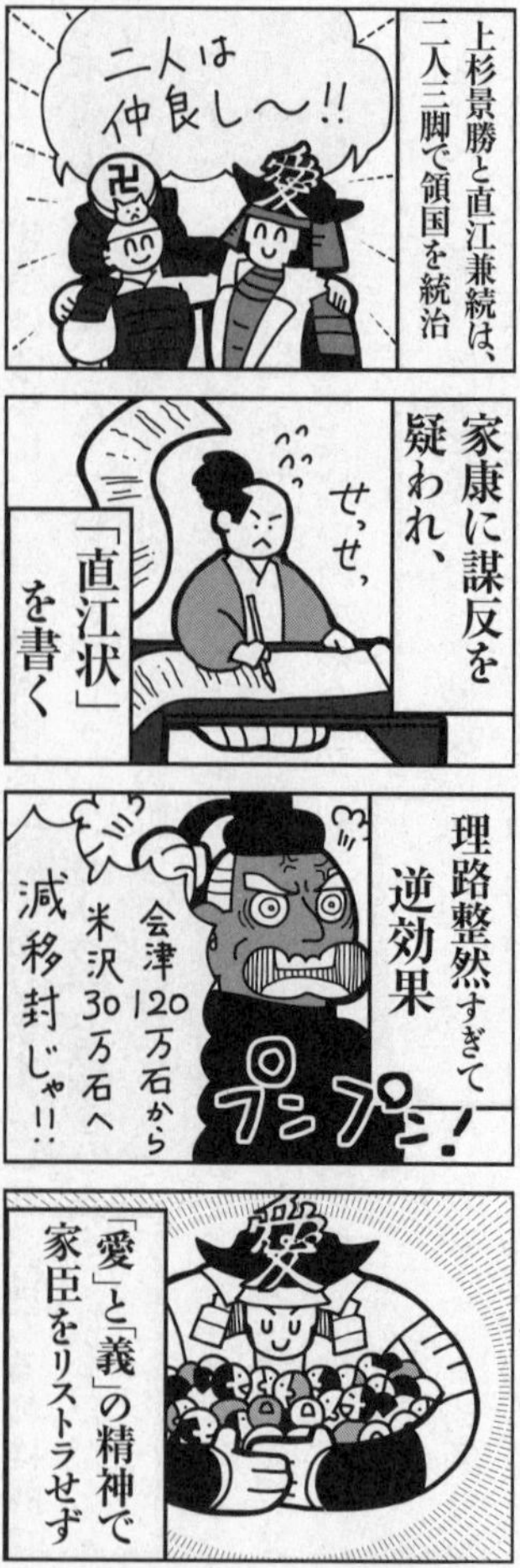
上杉景勝と直江兼続は、二人三脚で領国を統治
二人は仲良し〜!!
愛
家康に謀反を疑われ、
せっせ、
「直江状」を書く
理路整然すぎて逆効果
会津120万石から米沢30万石へ減移封じゃ!!
プンプン!
愛
「愛」と「義」の精神で家臣をリストラせず

「賤《いや》しき物を手に取れば汚れるので扇に載せています」

豊臣秀吉が京都における邸宅として建築した華麗壮大な聚楽第《じゅらくてい》において、諸大名が居並ぶ中、伊達政宗が懐中から天正大判《てんしょう》（純金！）を取り出して皆に見せていた。まだ出始めたばかりの貨幣なので皆珍しがってもてはやした。

政宗が直江兼続に、「これを見られよ」と貨幣を渡すと、**兼続は扇の上にそのお金を置いて打ち返し打ち返し羽根つきでもするようにした**ので、政宗が「どうぞ気にせず手に取って見られるがよい」と言った。

すると兼続は、「わが主上杉景勝様から先陣を承って指揮した神聖なこの手でございます。このような賤しき物を手に取れば汚れるので扇に載せています」と言って、お金を政宗の方にポイと投げて戻した。政宗はひどく赤面したという。兼続は立場的に政宗より下だったが、それが許される実力者でもあった。

上杉景勝と二人三脚で上杉家を統治

直江兼続は、一五六〇年、樋口兼豊《ひぐちかねとよ》の長男として生まれた。のち、直江家の婿養子となったことで直江家を継いで直江兼続となった。

兼続は幼少の頃から謙信の養子である景勝《かげかつ》に仕え、一緒に謙信のもとで「義」の精神を学んだ。主従関係でありながら兄弟のようでもあった二人の絆《きずな》は強かった。

一五七八年に謙信が突然死去したことで生じた後継者争い（謙信には実子がいなかったので養子同士の争い）に勝利した景勝は、兼続に重要な職務を任せた。**上杉家では景勝のことを「殿様」ないし「上様」、兼続を「旦那《だんな》」と敬称して呼び、仲の良い「二頭体制」だった。**

本能寺の変のあと明智光秀を葬った豊臣秀吉から、味方になってくれとの要請があり、景勝はこれを受け入れた。天下人になる秀吉の後ろ盾を得て、謙信亡きあと一度は傾きかけた上杉家は危機を脱出することができた。

佐渡《さど》を平定し、小田原討伐にも参加するなどして、景勝・兼続コンビの能力の高さは秀吉から高い評価を受けた。

豊臣秀吉は「天下の政治をみごとにやってのける者は数人しかいないが、そのひとりが直江兼続だ」と言って褒めた。

一五九八年、上杉家は会津へと移封となり、与えられた所領はなんと百二十万石。徳川家康、毛利輝元に次ぐ石高だ。兼続にも米沢《よねざわ》六万石（指揮下の部下の石高も含めると三十万石）が与えられた。東北地方のお目付け役を仰せつかった景勝は五大老の一員にも抜擢《ばってき》され、豊臣政権下における重要な立場に付いた。

兼続からの書状に家康激怒!!

しかし、秀吉が病で亡くなると五大老筆頭の家康の天下となっていった。その家康に謀反を疑われ、弁明のために上洛《じょうらく》を要求された景勝だが、これを拒否！　家康は、再度上洛を促す詰問状を送ったが景勝は再び拒否!!　その時、**兼続が上洛拒否を伝える手紙とともに送ったのが有名な「直江状」だ。**

直江状は「景勝に逆心ありと言う者こそ怪しいです。先にその者を調べるのが筋ではないでしょうか」という文言から始まり、理路整然と上杉家の正当性を述べると同時に、「簡単に讒言《ざんげん》する者の言うことを信じることは、家康様に裏表があると言っているようなものではないでしょうか」など、**家康を皮肉る挑戦的な内容になっていた。**

弁明のつもりが、まったくの逆効果。案の定、この手紙に激怒した家康は、「上杉征伐」を決定したという。

ただしあまりにデキすぎのこの手紙、家康の上杉征伐を正当化するため**後世に偽作されたのではないかとの疑惑**もあり、真贋《しんがん》の判定はまだ付いていない。

家康が上杉討伐のために小山《おやま》（現・栃木県小山市）に差し掛かった時、石田三成が挙兵したという報告が届き、家康は急遽《きゅうきょ》三成を討つべく西へ引き返した（184ページ参照）。兼続は三成率いる西軍と通じていて、家康を挟み撃ちにする計画を立てていたが失敗に終わった。

そこに関ケ原で西軍が敗北した報告が届く。兼続は、関ケ原の戦いは少なくとも数か月は決着がつかないと考えていたが、蓋《ふた》を開けてみればわずか一日で西軍の敗北が決まった。**兼続が思い描いていた作戦はすべて水の泡となってしまった。**

西軍の敗北を知った兼続はすぐさま上杉軍を撤退させることを決め、自ら殿《しんがり》をつとめて敵からの追撃を食い止め、無事撤退することができた。この撤退戦における兼続の働きは、それを伝え聞いた家康からも賞賛されるほどのものだった。

貧乏になっても家臣をリストラせず!!

関ヶ原の戦いのあと、兼続と景勝は上洛し、家康に謁見して謝罪し忠誠を誓った。上杉家は改易を免れ、会津百二十万石から米沢三十万石への減移封という処分が下された。

上杉家の所領が四分の一になってしまったことで、家臣の数も減らす必要に迫られたが、兜《かぶと》に「愛」の文字を掲げ、謙信の「義」の精神を引き継いだことでも有名だった**兼続は家臣を一人もリストラせず、全員で米沢に行くことを決めた。**また兼続自身も三十万石から六万石へと減封されたが、このうち五万五千石を諸傍輩に分配し、自分はわずか五千石となった。

米沢藩に移った兼続は、国力増強のため最上《もがみ》川の治水事業などに尽力し新田開発を行い、三十万石だった石高を実質的に五十万石以上にまで発展させ、新しい城下町作りに尽力した。また上杉家と徳川家との関係改善に努め、大坂の陣でも徳川方として参加し武功を挙げた。そうした努力によって上杉家はなんとか存続できたのだった。一六一九年に病死した。享年六十。

山《やま》内《うち》一《かず》豊《とよ》（1545?～1605）

「内助の功」でしっかり出世!!
山内一豊はちゃっかり者

「それがしの城を、兵糧と共に差し上げてお味方する所存です」

信長・秀吉・家康と、戦国三英傑に仕えた山内一豊だが、実は将としての武功はあまりない。しかし、「槍《やり》を振るう功など誰でも出来る。されど、**一豊の一言で関ケ原の戦いは勝利できたのだ。**古来最大の功名なり」と家康に激賞され、土佐《とさ》一国を任されたのには理由があった。

それは「関ケ原の戦い」の前の「小山《おやま》評定」でのこと（183ページ参照）。家康が諸将を集めて来るべき関ケ原の戦いの作戦会議していた時のこと、まず福島正則が「わしは家康様に付く」という発言をして大きな流れを作ったあと、二番目に発言したのが一豊だった。

「それがしの遠江国《とおとうみのくに》掛川城（現・静岡県掛川市）には兵糧が相当ございます。城を兵糧と共に差し上げてお味方する所存です」

この一言で他の武将たちもまた同様に城を明け渡さざるを得なくなり、家康は裏切りの心配がなくなって一気に有利に戦に臨めることになった。

この「城を明け渡す」という案は実は一豊のオリジナルではなく、一豊と仲の良かった堀尾《ほりお》忠氏《ただうじ》（のち、松江《まつえ》藩藩主）という武将のもの。一豊は忠氏の案をパクって先に発言したのだ。ちょっとズルイぞ一豊。

「内助の功」の妻に感謝感激!!

山内一豊といえば本人よりも妻見性院《けんしょういん》のほうが有名だろう。「内助の功」の語源になった人物だ。

一豊が信長に仕えていた時、東国第一の駿馬《しゅんめ》を安土に売りに来た商人がいた。しかし、あまりに値段が高いので買う者がいなかった。一豊は家に帰って、「貧乏ほど残念なことはない。奉公の初めにあのような駿馬に乗って信長様の前に出たいものだ」と独りごとを言ったのを妻が聞いて、「それはいかほどするのでございますか」と尋ねた。「黄金十両だ」と答えると、「でしたらその馬を買い求めてください。その黄金は私が差し上げましょう」と言って、**鏡の箱の底から黄金十両を取り出して一豊の前に置いた。**

一豊は驚いて喜びながらも、こんな大金をどこに隠していたのかを尋ねると、妻は「このお金は私が当家に嫁いで参りました時、父がこの鏡の下に入れてくださいました。父は『**夫の一大事の時にのみ使用せよ**』と申されたので、どんなに貧乏しても使わず大切にして参りました。今度の京での馬揃え（※）は天下の人が見物されます。貴方《あなた》もまたご奉公の初めでございます。よい馬にお乗りになって見参して頂きたいと思ったのでございます」と言った。

※「馬揃え」……騎馬を集めてその優劣を競いあう武家の行事。一種の軍事パレード。

一豊は妻に感謝し、そのお金で馬を買い求めた。ほどなく京で馬揃えがあった時、一豊がその駿馬に乗って出たのを見た信長はびっくりして、「山内は長い間浪人してお金がないだろうに、あの駿馬を買い求めるとは、武士のたしなみとして見上げたものだ」と感心し、それより一豊を重く用いた。

関ケ原の戦いののち一豊は掛川から土佐に移封となり、高知城を築城して城下町の整備を行った。鰹《かつお》を刺身で食べると食中毒になる可能性があるので、一豊がそれを禁じたところ、領民たちは表面をあぶって「これは刺身ではない」と言い張って食べるようになった。これが「鰹のタタキ」の起源だとされている。

一六〇五年、高知城にて病死した。享年六十一。**一豊は妻に恩義を感じて、側室を全く取らなかった。**

大《おお》久《く》保《ぼ》忠《ただ》教《たか》（1560〜1639）

時代遅れの偏屈じじいの残した『三河物語』はベストセラー

どけどけー!!
天下のご意見番のお通りでい!!
太平の世は好かん…
よし!ワシが本物の武士の姿を書こう!
完成じゃ!名付けて『三河物語!!』
ベストセラーじゃ!!
偏屈じじい…
パチ
パチ
パチ

大久保忠教は、「子々孫々万一自分の書いた言葉にそむけば、自分は死んでもたちどころに食い殺すぞ」と言った。その書を名づけて『三河物語』という。

大久保忠教は、**「彦左衛門《ひこざえもん》」**という通称のほうが有名だろう。三河の松平家に代々仕える大久保家に生まれ、兄たちとともに松平元康（のちの徳川家康）に従い、数々の戦功を立てて江戸幕府では旗本（と言っても貧乏旗本）になった。

その後、二代秀忠、三代家光と徳川将軍三代に亘《わた》って仕え、その頑固一徹ぶりから、**「天下の御意見番」**と呼ばれた。

旗本以下の輿《こし》が禁止された際に、「大だらい」に乗って登城したり、江戸っ子の魚屋「一心太助《いっしんたすけ》」と共に活躍したりする様子が描かれた講談や歌舞伎芝居で有名になるが、一心太助は架空の人物であり、彦左衛門の活躍もほとんどが脚色されたフィクションだ。

しかし、太平の世で多くの武士が平和ボケになってしまったことを嘆いた彦左衛門が、**子孫を戒めるために『三河物語』を書いたのは事実**だ。

「信光《のぶみつ》公（家康より六代前）以来のお情けを思い、毛頭不足を思わず、命を捨ててご奉公せよ」と主君への忠誠を尽くすことを子孫に命じたこの本は、本来「門外不出であり、公開するつもりもない」はずだったが、写本が出回って広く読まれることになった。まあ、最初からそのつもりだったのだろうが。

内容的には自分を含む大久保家の自慢話の手前味噌《てまえみそ》、かつ徳川びいきなので、眉《まゆ》に唾《つば》をつけて読んだほうが良いところもあるが、なにせ歴戦の戦士である彦左衛門が書いたのだから、徳川家草創期の一次資料としての価値は高い。

マイペースの彦左衛門に周りは振り回されっぱなし!!

彦左衛門は武勇の人として知られると同時に、**気儘《きまま》に悪口ばかり言うことでも有名だった。**ある日一門の人から、「あなたは多くの人に尊敬されているが、子孫のためを思って、時々は老中方へも参ってご挨拶《あいさつ》なされるのがよかろう」とアドバイスされると、彦左衛門は「ごもっとも」と言ってその翌日、老中の屋敷を回った。

老中は彦左衛門の頑固さを知っているので、「珍しいおいでですな」と挨拶すると、彦左衛門は「**今どきはおべっかを使わないと子孫のためにならないと一門の者に言われたので、おべっかを使いに参ったのだ**」と言ったという。オイオイ。

また、こんなこともあった。

彦左衛門の刀があまりに長く、殿中が混みあっている時は刀が当たるので、皆がもう少し短くしてくれと言った。彦左衛門は「なるほど、わかった」と言って帰った。その翌日の登城時、彦左衛門は刀の鞘《さや》だけを七、八寸（約二十cm強）切り、中の白刃はそのまま引きずって来たので、人々の衣類や畳などまで傷がついた。

まるでコントのような彦左衛門の振舞いだ。差している刀を短くしてくれと言われて短くしたのはいいが、短くできたのは鞘の先だけとは……。

彦左衛門の酔狂には困ったものだと皆が嘆いていると、彦左衛門は、「短い刀をと思ったが、あいにく貧乏で差し替えの刀もなく、といって皆の意思に反するのもどうかと思い、早速鞘は切ったが刀身は鉄で思うようにならないから、このようになったのだ」と言って引きずり回ったので、皆は迷惑したという。

鞘からはみ出した白刃（刀の刃）で人々の衣類や畳が傷ついたくらいで済んだなら、マシな方だろう……それにしてもなかなか大変な迷惑じじいだ（失礼）。

「嘘も方便」を通した忠臣・彦左衛門!!

一六一四年に大坂冬の陣、次の年に大坂夏の陣があった。この戦いで家康は豊臣家を滅ぼすのだが、豊臣方の真田幸村の奮戦で、家康も一時は自決する覚悟をするほどの窮地に追い詰められた。

家康陣の旗手は崩れ、家康は命からがら退却した。のち家康が怒って、旗は逃げたのかと尋ねた時、伺候していた人々は「存じ上げません（本当は逃げていたけど、そんなことは死んでも言えない）」と答えた。しかし、**槍《やり》奉行として出陣していた彦左衛門だけは、「旗は立っておりました」と答えた。**

家康は気色ばんで杖《つえ》で畳を突き、「嘘を申すな、立っていなかったであろう」と言うと、彦左衛門は毅然《きぜん》として「いや、立っておりました」と返事した。

家康は、杖で畳をドンと突き、刀をつかんでさらに声を大きくして問うたが彦左衛門はそれでも動じず、**「何と言われましょうとも、御旗は立っておりました」**と言い張って家康を黙らしてしまった。

その後、忠教は「たとえ崩れた旗であっても、崩れなかったと申し上げてこそ、御旗に疵《きず》がつかないのだ。三方ヶ原（※）で一度御旗が崩れてより徳川の御旗が崩れたことはない。いわんや、家康公が七十歳を超えられた最後の戦で旗に疵がつけば、いつの世にその恥をすすぐことができようぞ。だから、**自分の命にかえて崩れなかったと申したのは、譜代の役目である**」と言った。

※家康はかつて「三方ヶ原の戦い」で武田信玄に大敗した。

ただの偏屈じじいかと思いきや、実は家臣として一流の心構えをもった彦左衛門だった。

彦左衛門は、八十まで生きた。その死に臨んで家光は使いをやり、五千石の加増を賜ることを知らせた。彦左衛門は、「自分が元気であれば、ご加増も有難いと存じますが、このような重病になってのご加増は、何の役に立ちましょう。もはや必要はございません」といって受けなかった。

使いの者は、「貴殿のためには役に立たないといっても、子孫へ譲れば良いではないか」と言ったが、彦左衛門は**「自分の子孫は、自ら忠勤に励んでご加増を拝領すべきであるから、自分がもらって譲る必要はない」**と言って、あくまで加増をうけずに死んだ。立派な考え、まさに「児孫《じそん》の為に美田を買わず（西郷隆盛《さいごうたかもり》）」だ。

立《たち》花《ばな》宗《むね》茂《しげ》（1567?～1642）

関ケ原の戦いで改易されたあと、旧領を回復した唯一の武将

主君を変えること6回!
名前を変えること13回!!
タイトルホルダーの立花宗茂
関ケ原の戦いでは西軍に味方して浪人
武士は食わねど高楊枝
ヒュルリ～
つまらん奴の申し出は、お断り申し上げる!!
NO!
スカウト
スカウト
スカウト
関ケ原の戦いの後旧領を回復したのは
宗茂だけ!!

小瀬《おぜ》甫《ほ》庵《あん》が『太閤記《たいこうき》』を編集する時、立花宗茂に「貴殿の手柄話を教えてください」と求めた。宗茂は笑いながら、「私がしたことは天下の公論に基づいたもの。どうして名を上げるために功績を記録する必要がありましょう」と言って、何も教えなかった。

大友氏の重臣の子として生まれた立花宗茂は、「大友宗麟↓義統《よしむね》↓豊臣秀吉↓秀頼↓徳川家康↓秀忠↓家光」と多くの主君に仕えた。なお名前を十三回も変えており（武将では日本一の回数）、「立花宗茂」は最晩年の名だ。

宗茂の凄《すご》いところは、関ヶ原の戦いで西軍に付いて改易されたあと、旧領を回復したところであり、これは**宗茂ただ一人成し得た離れ業**だ。

人柄は、冒頭のエピソードでもわかるように、「温厚で人徳があって驕《おご》ることなく、功があっても自慢することがない」と書かれ、戦えば奇襲攻撃から正面攻撃まで天性の妙を発揮し、必ず勝利を得たという**スーパーマンぶりを発揮**した。

……ここまでくれば逆に「本当か〜？」と疑いたくなるほどだが、事実、秀吉からも家康からも高く評価され、「武士の中の武士」と呼ばれているのだから本物だ。

道雪の試験に合格……宗茂は豪傑の資質あり!!

宗茂には彼の人格形成に大きく影響を与えた「二人の父」がいる。一人は**実父の高橋鎮種《しげたね》（のち、紹運《じょううん》）**。もう一人の父は、**のちに義父となる立花道雪《たちばなどうせつ》**（戸次鑑連《べっきあきつら》）だ。二人は大友氏の家臣として同僚だった。

道雪には後継者となる男子がおらず、一人娘の誾千代《ぎんちよ》に立花城の城督を継がせていたが、本音としては誾千代に入り婿を迎え、立花家を継いで欲しかった。

そこで道雪が白羽の矢を立てたのが、鎮種の息子宗茂だった。

宗茂は、幼少のころから才気《さいき》煥発《かんぱつ》にして肝が据わっていた。**道雪は宗茂少年の優秀さを知り、その器量を計ろうとした。**

ある時、道雪は壮年の武士に弓を射させてそれを宗茂に見せ、戯れに「そちはまだ幼い。きっとうまく弓は射られまい」と言った。すると宗茂はすぐにその弓を引いてみて「これは弱い弓です、剛弓をお貸し下さい」と言って、剛弓を借りて射ると四発のうち三発が当たった。

またある時、道雪は宗茂の目の前で家臣に命じて罪人を討たせた。唐突なことだったので、びっくりしたに違いないと思い、**道雪は宗茂の胸に手を当ててみると、少しも動悸《どうき》がしていない。**

道雪は宗茂が豪傑の資質をもっていることを察し、鎮種に何度も乞《こ》うて（なにせ宗茂は鎮種の嫡男だった）、ついに宗茂を自分の養子にした。やがて誾千代と結婚した宗茂は、誾千代に代わって家督を譲られ「立花宗茂」と称した。

「二人の父」の壮絶な最期!!

その頃の九州は群雄割拠の時代。島津氏が勢力を拡大し、大友氏は衰退に向かっていた。道雪は鎮種と共に、攻めて来た島津軍に対して互角に渡り合うが、道雪は陣中で病死してしまった。その時、敵の島津軍さえも忠君の士である道雪の死を悼み、喪に服したという。

「道雪」という法号には、**「道に落ちた雪は融けるまで場所を変えない。そのように、武士は一度主君を得たら最後までその主君に尽くし抜く」**という決意が込められていた。

道雪は、自分めがけて落ちてくる雷に向かって刀を振るい、その中にいた雷神を切ったと伝えられている。その時の後遺症で足が不自由になったが、それでも勇猛に戦う彼を、人は「雷神の化身」と呼んだ。

勇猛果敢な武将である道雪亡きあと、宗茂の実父鎮種は城に立て籠《こ》もり、決死の覚悟で戦って多くの敵を道連れにするという凄《すさ》まじい最期を飾った。島津義久は立花城（現・福岡市）に籠城《ろうじょう》する宗茂に降参を勧めてきたが、**義父も実父も失った宗茂は、「義に背いて命を惜しむよりは、死ぬ方がましだ」**と言って突っぱねた。

主家の大友宗麟は、もはや単独では島津に勝てないと判断し、秀吉の傘下に入ることと引き換えに支援を要請した。これを受けた秀吉は九州に援軍を送った。やがて秀吉の援軍がやってくるとの報が入ると、島津軍は撤退し始めた。それを見た宗茂が打って出て、数多くの島津兵を討ち取った。

秀吉はみずから渡海して宗茂に会い、「数々の手柄は素晴らしく、比類がない。九州第一の忠義の士というべきだが、九州のみならず、上方にもそちほどの若者がいようとは思われぬ」と大変な上機嫌で、太刀のほか様々な品を賜った。

その後、宗茂は秀吉の「九州平定」において大活躍した。秀吉はその功を認めて筑後国柳川《ちくごのくにやながわ》（現・福岡県柳川市）を与え、大友氏から独立した直臣大名に取り立てた。**一介の家臣の身分から、城持ちの独立した大名へと大出世を遂げた宗茂だった。**

亡き二人の父は、草葉の陰で泣いて喜んだことだろう。

「東の本多忠勝、西の立花宗茂」と絶賛される!!

一五九〇年、秀吉は本多忠勝と宗茂を召し出し、諸大名が伺候する前で、**「彼の者こそ東国には隠れなき勇者本多忠勝という者だ。一方また宗茂は、西国無双の誉れの者である」**と絶賛した。

退出したあと、忠勝と宗茂は互いに喜び、称《たた》え合った。なお、忠勝は「徳川四天王」の一人で、「蜻蛉切《とんぼぎり》の平八郎」と呼ばれ、空中を舞う蜻蛉《とんぼ》を槍《やり》で切り落とすほどの達人だった。生涯五十回を超える戦いの中で一度も傷を負わなかったといわれている。

秀吉の臣下となった宗茂は、「朝鮮出兵」にも参加して奮戦した。ところが、宗茂が不在の間、**秀吉はなんと宗茂の正室誾千代を手込めにしようとした**(!!)。

それに対して誾千代は、お付きの女中に鉄砲を持たせ、また自らも武装して秀吉に会いに行ったので、秀吉は手も足も出なかったという。さすが女城督だっただけのことはある(それにしても、秀吉の女好きは手が付けられない……)。

一五九八年に秀吉死亡の知らせが届き、朝鮮に出兵していた諸将は急いで朝鮮から撤退した。秀吉が死去すると、三成と家康が政権運営の方針をめぐって対立し、「関ヶ原の戦い」へと突入していく。家康は宗茂を恐れ、褒賞をちらつかせて東軍に味方するよう誘うが、**宗茂は秀吉への恩義から西軍に味方した。**

「義を見てせざるは勇無きなり」を地で行く

宗茂は関ヶ原に向かう途中、東軍に寝返った大津《おおつ》城（現・滋賀県大津市）の京極《きょうごく》高次《たかつぐ》と戦うことになり、勝ったものの関ヶ原本戦には間に合わなかった。戦いは一日で決し、西軍の負けが確定した。

西軍の敗戦を知った宗茂は自分の領地へと撤退した。この時、大敗を喫していた島津軍と同じ船で帰国した。島津は宗茂にとって二人の父の敵《かたき》だったので、家来たちは「今こそ父君の敵を討つ好機なり」といきり立ったが、宗茂は、

「今、同じく西軍に味方しながら、島津が寡兵で帰るのを見て討ち取るというのは、勇士のすることではない」

と言って許さなかった……本当に偉い奴だ。

柳川に戻ると加藤清正らによって城を包囲されてしまい、衆寡敵せずで柳川城を開城して敗北を受け入れた。**開城後は改易《かいえき》（領地を没収し身分を剝奪《はくだつ》）され、宗茂は浪人へと身をやつすことになった。**

奇跡の復活!!　旧領に大名として復帰を果たす

改易後、宗茂の実力を知る島津義久や加藤清正などが家臣になるように説得してきたが、宗茂は断り、わずかなお供を連れて京都へ上った。しかし、生活に困窮し、朝夕の食事にも窮するありさまだった。そんな時、前田利長から「加賀までいらっしゃれば十万石を進ぜましょう」との申し出があったが、

「悪い奴らは、腰は抜けておりながら、思い上がって色々なことを申し出てくるものよ」

と言って宗茂はまったく取り合わなかった。しかし、この窮地を救ってくれた人物がいた。それは「東の本多忠勝、西の立花宗茂」と称えられた、あの本多忠勝だった（いよっ！　漢《おとこ》だねぇ）。

忠勝は宗茂がこのまま埋もれていくのを惜しみ、家康に召し抱えるよう懇願した。家康は忠勝の願いを聞き入れ、五千石を与えて召し抱え、その後、働きが認められた宗茂は一万石加増されて陸奥国棚倉《むつのくにたなぐら》（現・福島県）に大名として復帰した。

さらに「大坂の陣」に参戦した宗茂は「今度は恩のある徳川家のお味方を致します」と言うや、豊臣方の動きを鋭く予言して的中させ、徳川方の勝利に貢献した。

その功を認められて、一六二〇年、二代将軍秀忠から旧領柳川十万九千六百石を与えられ、**宗茂は奇跡の復活を果たした。**関ケ原で西軍についたため改易された武将の中で、旧領に大名で復帰できたのは宗茂ただ一人。これはすごいことだ。

晩年の宗茂は、徳川家光に戦国の物語を語る相伴衆《しょうばん》としての役目も果たした。

正室の誾千代は立花家改易後から病を患い、一六〇二年に三十四歳で亡くなっている。宗茂は生涯を通じて実子に恵まれなかったので、家督を養子に譲り、一六四二年、死去した。享年七十六。

柳生宗矩《やぎゅうむねのり》（1571〜1646）

剣術無双!!　徳川将軍家の兵法指南役

「切っ先で相手を斬ろうとすれば敗ける。刀の鍔《つば》をもって相手を打てば勝てる」

柳生宗矩《むねのり》は、大和柳生藩《やまとやぎゅう》（現・奈良市柳生町）初代藩主だが、大名としてより**柳生新陰流《しんかげ》の剣術家として、そして徳川将軍家の兵法指南役として有名だ。**

ある日、客人が宗矩に教えを乞《こ》いに来た。「自分はともに天を戴《いただ》かざる敵がいる。長年探し求めてようやく見つけた。明日《あした》、敵を討ちに行こうと思っているが、どうか勝つ方法を教えてもらいたい」。

それに対して宗矩は、「切っ先で相手を斬ろうとすれば敗ける。刀の鍔をもって相手を打てば勝てる」と教えた。その人はその通りにして敵を討ったという。

古今無双の達人は猿相手で稽古をする!?

宗矩はいつも猿二匹を相手に打太刀の稽古《けいこ》をしていたので、この二匹の猿も上手になった。ある浪人が手合せを望んできた時に宗矩が、「まずこの猿と立ち合ってもらいたい」と言って戦わせると、猿は何の造作もなく浪人を打ち負かした。面目を失った浪人は四、五十日ほど必死に稽古して、これならば負けることはあるまいと思う域に達し、再びやってきて猿と立ち合いたいと言った。

宗矩はその姿を見るや、「その方、工夫してきたと見える。今度は猿もかなうまいが、とりあえず猿と立ち合ってもらいたい」と言って猿を出した。互いに向かい合った瞬間、猿は大声で叫んで逃げ出した。それからその浪人は宗矩の門下生となり、兵法の奥儀を極めたという。

三代将軍家光は宗矩を師範として、兵法のすべてを伝授された。

宗矩が死去したあと、家光は事につけて**「宗矩生きてあれば、この事を尋ねるも**

のを」などといって、深く慕ったという。

享年七十六。一介の剣士の身から一万二千五百石の大名にまで立身出世した稀《まれ》な例だった。

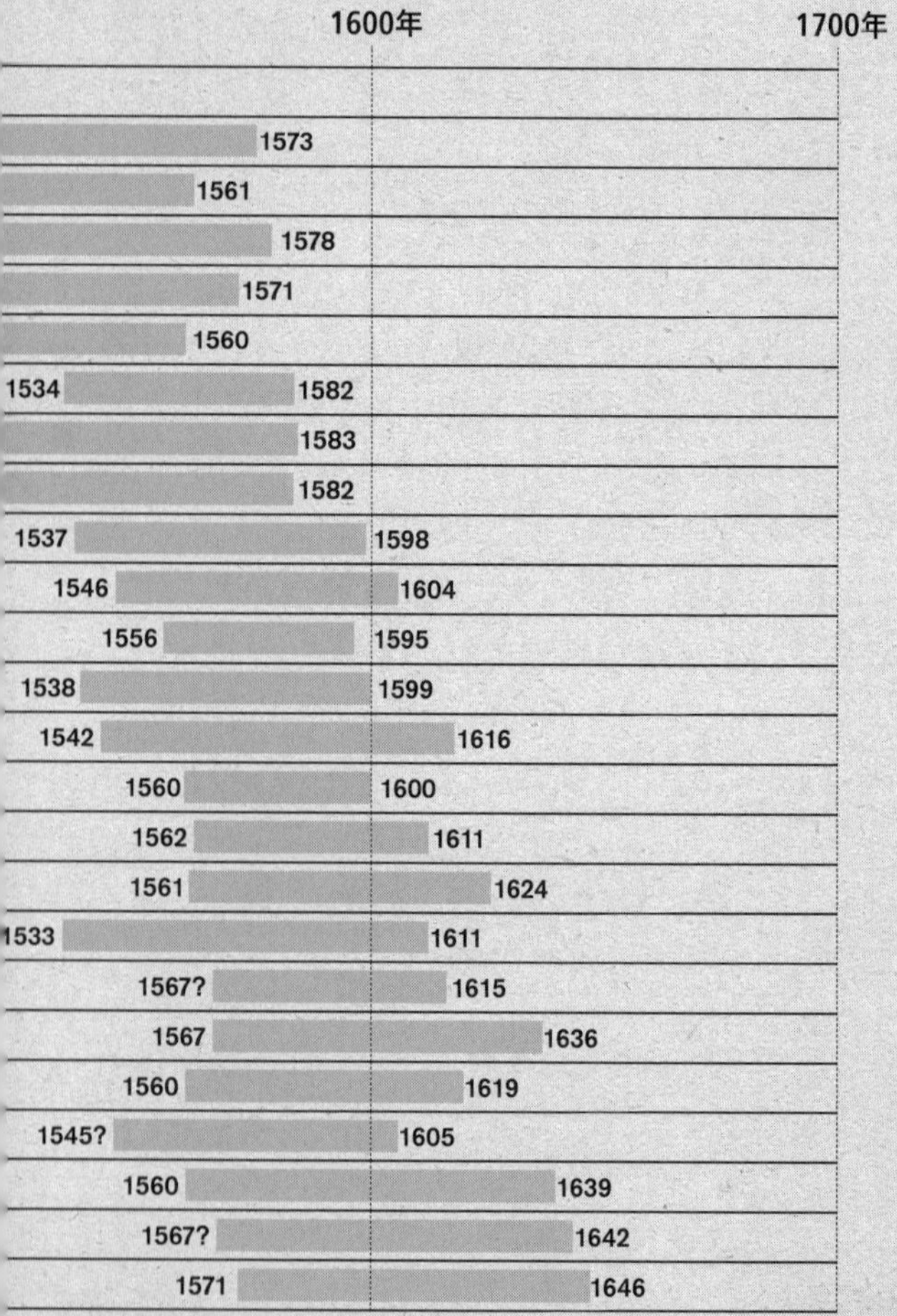
1600年
1700年
1573
1561
1578
1571
1560
1534 1582
1583
1582
1537 1598
1546 1604
1556 1595
1538 1599
1542 1616
1560 1600
1562 1611
1561 1624
1533 1611
1567? 1615
1567 1636
1560 1619
1545? 1605
1560 1639
1567? 1642
1571 1646

武将生没年表

1400年　1500年

北条早雲	1432?	1519
武田信玄	1521	
山本勘助	1493?	
上杉謙信	1530	
毛利元就	1497	
今川義元	1519	
織田信長		
柴田勝家	生年未詳	
明智光秀	1528?	
豊臣秀吉		
黒田官兵衛		
蒲生氏郷		
前田利家		
徳川家康		
石田三成		
加藤清正		
福島正則		
島津義久		
真田幸村		
伊達政宗		
直江兼続		
山内一豊		
大久保忠教		
立花宗茂		
柳生宗矩		

●参考文献・DVD

『名将言行録　現代語訳』岡谷繁実（著）北小路健・中澤惠子（編・訳）（講談社学術文庫）／『名将言行録　乱世の人生訓』兵頭二十八（PHP文庫）／『名将言行録　一～八』岡谷繁実（岩波文庫）／『名将言行録―乱世をどう生きるか』岡谷繁実（著）江崎俊平（訳編）（社会思想社）／『図説　日本人が知らなかった戦国地図』歴史の謎研究会（青春出版社）／『歴史秘話ヒストリア戦国武将編2　伊達政宗』『歴史秘話ヒストリア　戦国武将編2　直江兼続』『その時歴史が動いた　乱世の英雄編　信長　執念の天下統一』『その時歴史が動いた　乱世の英雄編　武田信玄　地を拓き水を治める』（以上、NHK）／『戦国武将の解剖図鑑』本郷和人（エクスナレッジ）／『戦国武将事典　乱世を生きた830人』吉田龍司他（新紀元社）／『戦国武将の実力　111人の通信簿』小和田哲男（中公新書）／『歴史人』二〇一四年十月号「決定！戦国武将の最強ランキング」、二〇一六年六月号「戦国最強合戦ランキング」、二〇一七年六月号「戦国最強猛将ランキング！」（以上、KKベストセラーズ）

本書は書き下ろしです。

読《よ》めば100倍歴史《ばいれきし》が面白《おもしろ》くなる

名《めい》将《しよう》言《げん》行《こう》録《ろく》

板《いた》野《の》博《ひろ》行《ゆき》

令和５年 ３月25日　初版発行

発行者●山下直久

発行●株式会社KADOKAWA
〒102-8177　東京都千代田区富士見2-13-3
電話　0570-002-301（ナビダイヤル）

角川文庫 23579

印刷所●株式会社暁印刷
製本所●本間製本株式会社

表紙画●和田三造

●お問い合わせ
https://www.kadokawa.co.jp/（「お問い合わせ」へお進みください）
※内容によっては、お答えできない場合があります。
※サポートは日本国内のみとさせていただきます。
※Japanese text only

ISBN 978-4-04-113402-3　C0195

角川文庫発刊に際して

角川源義

第二次世界大戦の敗北は、軍事力の敗北であった以上に、私たちの若い文化力の敗退であった。私たちの文化が戦争に対して如何に無力であり、単なるあだ花に過ぎなかったかを、私たちは身を以て体験し痛感した。西洋近代文化の摂取にとって、明治以後八十年の歳月は決して短かすぎたとは言えない。にもかかわらず、近代文化の伝統を確立し、自由な批判と柔軟な良識に富む文化層として自らを形成することに私たちは失敗して来た。そしてこれは、各層への文化の普及滲透を任務とする出版人の責任でもあった。

一九四五年以来、私たちは再び振出しに戻り、第一歩から踏み出すことを余儀なくされた。これは大きな不幸ではあるが、反面、これまでの混沌・未熟・歪曲の中にあった我が国の文化に秩序と確たる基礎を齎らすためには絶好の機会でもある。角川書店は、このような祖国の文化的危機にあたり、微力をも顧みず再建の礎石たるべき抱負と決意とをもって出発したが、ここに創立以来の念願を果すべく角川文庫を発刊する。これまで刊行されたあらゆる全集叢書文庫類の長所と短所とを検討し、古今東西の不朽の典籍を、良心的編集のもとに、廉価に、そして書架にふさわしい美本として、多くのひとびとに提供しようとする。しかし私たちは徒らに百科全書的な知識のジレッタントを作ることを目的とせず、あくまで祖国の文化に秩序と再建への道を示し、この文庫を角川書店の栄ある事業として、今後永久に継続発展せしめ、学芸と教養との殿堂として大成せんことを期したい。多くの読書子の愛情ある忠言と支持とによって、この希望と抱負とを完遂せしめられんことを願う。

一九四九年五月三日